FOREWORD
刊行に寄せて

2024年に入って以降、空前のインバウンドブームが続いている。
日本政府観光局は、2024年9月の訪日外客数は約287万人、
前年同月比31.5％増と、8カ月連続で同月過去最高を記録したと発表。
中国からの訪日客数も回復し、円安により欧米各国からの旅行客も増加している。
政府は2023年3月に策定した第4次観光立国推進基本計画で、
「持続可能な観光」「消費額拡大」「地方誘客促進」の3つの柱を掲げ、
いっそうの成長に向け、"戦略的な訪日旅行プロモーション"を進めたいと意気込む。

政府の目標は2030年に訪日外国人旅行者数6000万人、
インバウンド消費額15兆円と壮大だ。
それも、日本の観光の潜在力には、目を見張るものが数多くあるためだ。
四季折々の自然景観、歴史的建造物や、ユネスコ無形文化遺産になった和食。
日本人の規律性がもたらす治安のよさや街の清潔さ、
定時どおりに運行する公共交通機関、安くて品質のよい商品も、
訪日客から驚きの目で高く評価される。
加えて、古い町並みと先端テクノロジーやポップカルチャーが交じり合う風景。
日本には、豊かで、隠れたソフトパワーが、確かに存在している。

しかし、受け入れる側の事業者を見渡すと、問題が山積しているのも事実だ。
少子高齢化によりサービス業の人材不足はいっそう深刻になっている。
大規模な自然災害や新型コロナウイルス感染症の拡大は、
とくに観光産業・飲食業にとって手痛い打撃となった。
観光客の増加が引き起こすオーバーツーリズムは、地域を悩ませている。
このような問題を乗り越えて、笑顔で観光客を受け入れ、
お互いが幸せな体験を共有するためには、知恵と工夫が必要だ。
ソフトパワーを維持し、高めるのにも、生産性向上が必須になる。

本書では、成長産業として観光を発展させるヒントとして、
識者の提言や、事業者の先駆的な取り組みを紹介していく。
「食」「日本文化」「テクノロジーと創造」「人財育成」の4つの切り口から、
市場創造とイノベーティブな課題解決の方法を探っていきたい。

2025年1月
日本能率協会

ThinK! シンク! 別冊 No.14
CONTENTS

人×文化×テクノロジーで
経済活性化と地方振興を実現する

日本観光革命
2030年に向けた巨大成長市場の創造

JAPAN TOURISM REVOLUTION

1 | FOREWORD

刊行に寄せて

5 | 巻頭鼎談

インバウンド客数6000万人実現のシナリオ
観光産業の成長エンジンを起動せよ

菅 義偉　元内閣総理大臣 衆議院議員
大西 雅之　鶴雅ホールディングス株式会社 代表取締役社長
　　　　　　一般社団法人日本旅館協会 前会長
中村 正己　一般社団法人日本能率協会 会長

11 | 特別対談

ホテル・宿泊の課題を探る
"お客様の幸せファースト"のために
スタッフ自身が幸せになる業界を目指せ

小林 哲也　株式会社帝国ホテル 元会長
清水 肇　株式会社ニュー・オータニ 代表取締役

17 | OPENING INTERVIEW

沸騰するインバウンド 課題は解決可能か?
観光立国実現に本当に必要なこと

古市 憲寿　社会学者

Chapter 1

食 伝統と革新の探求

24 和食文化が急速に浸透、世界のトップシェフも注目
なぜ日本料理は世界に受け入れられてきたのか
村田 吉弘　菊乃井 三代目主人　株式会社菊の井 代表取締役

30 空間にあるすべてのものが食文化をつくり上げる
伝統と作法が息づく"お茶事"は日本ならではの究極のおもてなし
安田 眞一　新宿 京懐石 柿傳 三代目主人
　　　　　安与商事株式会社、大安商事株式会社 代表取締役社長

35 "うまさ"とはその土地の風土から生まれるもの
だし文化の伝統を見直して日本人の味覚を取り戻そう
尾川 欣司　フレンチレストラン「Le BENKEI」オーナーシェフ
　　　　　株式会社尾河 代表取締役会長　一般社団法人国際観光日本レストラン協会 名誉会長

40 スイーツの付加価値で各地のリゾート施設を再生
「おいしくて安い」仕組みがホテルやゴルフ場でも喜ばれる
齊藤 寛　株式会社シャトレーゼホールディングス、株式会社シャトレーゼ 代表取締役会長

45 COLUMN

世界的美食家が「食と観光」の現在を解き明かす
地方レストランが秘める大きなポテンシャル
浜田 岳文　株式会社アクセス・オール・エリア 代表取締役

48 COLUMN

粋を感じる「日本食文化」をYouTube配信
食もおもてなしも「当たり前」こそ日本の美徳だ
オレリアン・プダ　フランス人インフルエンサー

Chapter 2

日本文化 価値を遺し、魅せるための提言

52 「観光亡国」ではなく「観光立国」へ
「マネジメントとコントロール」が日本の観光産業を救う
アレックス・カー　東洋文化研究家　京都先端科学大学人文学部 教授

58 つねに更新し続ける日本の建築と文化の関係
訪れるたびに変わる街並みと伝統の共存が旅人を魅了する
永山 祐子　一級建築士 有限会社永山祐子建築設計

63 お互いを思いやり、尊重し合う受け入れ方を
日本の文化が注目される中 私たちが大切にすべきものは何か
松山 大耕　京都府京都市／臨済宗妙心寺 退蔵院副住職
　　　　　米・スタンフォード大学 客員講師

68 COLUMN

70年後の現代に生きる提言
松下幸之助「観光立国の弁」が示す志と理念
島川 崇　神奈川大学 国際日本学部 国際文化交流学科 観光文化コース 教授

special issue No.14 Think! | 3

Chapter 3

テクノロジーと創造 技術とマインドの革新による社会課題解決

72 仮想空間の旅とロボットのおもてなしが日常に
テクノロジーの進歩により未来の観光は多様化する
石黒 浩　大阪大学 教授（栄誉教授）大学院基礎工学研究科システム創生専攻
2025年大阪・関西万博テーマ事業プロデューサー

78 大阪・関西万博は未来社会をどう見せていくのか
メタバースを通して体験する「人類の調和」
蔭山 秀一　株式会社ロイヤルホテル 取締役会長
佐久間 洋司　大阪大学 社会ソリューションイニシアティブ 特任研究員

84 次世代テクノロジストが自由に語り合う
ロボットと先端技術が変える観光の未来「空想会議」
大澤 正彦　AI研究者　日本大学 次世代社会研究センター RINGS センター長
文理学部 情報科学科 准教授
須知 高匡　新型モビリティ開発者　ZIP Infrastructure 代表取締役CEO
立﨑 乃衣　ロボットクリエイター　株式会社 ADvance Lab 代表取締役社長CEO

90 レストラン業界で先駆的なサステナブル経営を実現
大義名分の下でつくられた精神と文化こそ生き残る
石関 太朗　株式会社イノベーションデザイン 代表取締役

Chapter 4

人財育成 人手不足を乗り越え次世代の活躍を促す

96 個性や「自分らしさ」を隠さず働く
ユニークなブランドやカルチャーが若く優秀な人たちを引きつける
アビジェイ・サンディリア　IHGホテルズ＆リゾーツ マネージング・ディレクター、日本＆マイクロネシア
IHG・ANA・ホテルズグループジャパン 最高経営責任者

102 他流試合の経験から未来への展望を導き出す
観光業界が直面する最重要課題「次世代育成」の実践
藤崎 斉　日本ホテル株式会社 東京ステーションホテル 常務取締役 総支配人
木曽 博文　株式会社 ホテル、ニューグランド 取締役 営業本部長 総支配人
徳江 順一郎　東洋大学 国際観光学部 大学院国際観光学研究科 准教授
ネクストリーダーズ 総合ファシリテーター

108 COLUMN
HCJ2024から2025へ、新たな進化
将来のトレンドをつかみ「新しい常識」に目を向ける

111 なぜ観光学部の学生が引く手あまたなのか
人の幸せにつながる「観光学」　多様な視点で社会の在り方を学ぶ
橋本 俊哉　立教大学 観光研究所 所長　立教大学 観光学部観光学科 教授

116 観光関連学部・学科のある主な大学一覧

119 EDITOR'S NOTE
編集後記

SPECIAL DISCUSSION
巻頭鼎談

YOSHIHIDE SUGA
MASAYUKI OONISHI
MASAMI NAKAMURA

インバウンド客数6000万人実現のシナリオ

観光産業の成長エンジンを起動せよ

この十数年で大きく拡大したのが、外国からの観光客、いわゆるインバウンドだ。
日本政府において、その拡大推進を担った中心人物こそ、菅義偉元内閣総理大臣である。
2030年に訪日外国人旅行者数6000万人という目標を示し、実現に向けて入国ビザ緩和などの実効性のある策を講じてきた。
総理在任中に襲われたコロナ禍を乗り越えた今、観光立国日本をより確かなものにするためにも、新たな旗印が必要になる。
日本旅館協会前会長である大西雅之氏、日本能率協会会長中村正己とともに語り合った。

Photo: Hideki Ookura　Text: Toru Uesaka

中村 正己 × **菅 義偉** × **大西 雅之**

一般社団法人日本能率協会
会長

元内閣総理大臣
衆議院議員

鶴雅ホールディングス株式会社
代表取締役社長
一般社団法人日本旅館協会 前会長

SPECIAL DISCUSSION

ビザの要件緩和が入国者数を一気に上げた

——日本政府は観光を産業振興の柱の1つとし、大きな目標を掲げました。

菅 当時の安倍晋三総理が施政方針演説ではじめて観光立国に触れたのは、2012年でした。私は総理から指示を受け、官房長官として取りまとめをしました。

あの年の訪日外国人旅行者数は約836万人でしたが、隣の韓国では1000万人を超え、タイや香港では2000万人を超えていました。日本の観光資源や人口、経済的な強さなどを踏まえると、少なすぎだったんです。

どうしてこんなことになっているのか。不思議だったし、疑問に思って、関係省庁に集まってもらい、わかったことがありました。それは、日本の治安を管理する省庁が厳しい入国政策を取っていたことでした。外国人がたくさん入ってくると、犯罪が増えて、治安が悪くなるんじゃないか、と考えていたんですね。

だから、反対の声もありましたが、ビザの要件緩和を行い、まずは最低限、ほかの国々と同じにしたところ、入国が一気に増えた。しかも、犯罪はむしろ微減だったんです。

その後、東京オリンピック・パラリンピック開催が決まり、訪日外国人旅行者数の目標を掲げようということになり、2020年に4000万人と定めた。目標に向けて、2019年には約3200万人まで来ることができました。コロナ

PROFILE
菅 義偉（すが・よしひで）

1948年秋田県生まれ。高校卒業後上京。1973年法政大学法学部卒業。衆議院議員秘書、横浜市議2期を経て、1996年衆議院議員選挙で初当選。2006年9月、総務大臣に就任し、「ふるさと納税」を創設。2012年12月、第2次安倍内閣の内閣官房長官に就任。観光立国政策を強力に推進した。ほかに国家安全保障強化担当大臣や沖縄基地負担軽減担当大臣、拉致問題担当大臣を務める。2019年4月1日に新元号「令和」を発表。2020年9月から翌年10月まで、自由民主党総裁、第99代内閣総理大臣に就任。

がなければ、目標は達成していたでしょう。

大西 2016年、国の観光ビジョン構想会議に出席し、その席で安倍総理から、観光産業は日本のGDPを600兆円まで成長させるためのエンジンになってもらいたい、できることは何でもすると言っていただいて、本当に背筋がピンと伸びるような気持ちになったのを覚えています。

そして、2020年の4000万人、2030年の6000万人という意欲的な目標が掲げられました。実はこの目標になる前、どのくらいが目標になるのか、委員にも問われたんですが、私はそれぞれ3000万人、5000万人と書いていました。しかも書きながら、これは相当難しいよな、と思っていたら、安倍総理が4000万人、6000万人と宣

言されました。びっくりするとともに、期待の大きさに喜びが湧き上がってきました。

その数字に向けてもっとも効果が大きかったのは、やはりビザの緩和だったと思います。ASEAN諸国へのビザの免除や滞在期間の延長。これが、本当に効きました。菅先生が主導してくださった国の規制緩和が、インバウンド躍進の原動力となりました。

観光庁ができたのは2008年ですが、当時の予算は63億円でした。これが2024年は503億円余りになっている。これは、国際観光旅客税によるところが大きいと思いますが、これも菅先生が推進してくださったものです。観光政策の財源に裏付けができ、観光立国推進の大きな支えとなっています。

YOSHIHIDE SUGA × MASAYUKI OONISHI × MASAMI NAKAMURA

中村 日本能率協会は、サービス産業の振興を目的に、泊まる、食べる、見るの3つのコンセプトで、1973年に「国際ホテル・レストラン・ショー」という展示会をスタートさせました。今では90カ国を超える国からの出展者がある「FOODEX JAPAN」の初開催は、1976年でした。

観光産業は、ほかの多くの産業と連携し、地域経済を活性化させる重要な役割を持っています。その中核を成すホテル・レストラン業界の発展は、観光産業全体の発展に直接、結び付きます。その中で、人と人をつなぐコミュニケーションの場を提供してきました。

観光産業の振興を推進することで、日本のブランド力を高め、日本の魅力的な観光地としての評価を向上させ、経済発展に貢献することを目指してきました。

起死回生策となった
GoToトラベルキャンペーン

——そんな中でやってきたのが、新型コロナウイルスの感染症拡大でした。政府はいち早く取り組みを進めました。

菅 「GoToトラベルキャンペーン」の推進には、大きな批判も受けました。ただ、専門家の先生方からは「移動では感染しない」と聞いていました。それで私も判断をしたんですが、実際にお客さんを大きく増やし、観光産業に効く政策でした。

旅館やホテルはもちろんですが、交通なども含めれば、観光産業は約900万人が従事しています。その人たちを元気づけるという意味でも、ギリギリまで「GoToトラベルキャンペーン」を政府として展開できたことは、とてもよかったと思っています。

安倍総理が任期の途中で持病が悪化し、退任を余儀なくされ、私が継ぐ形になったわけですが、何より意識したのは、人命第一でした。そして、新型コロナを収束させるのが、私の責務であるという思いで臨んでいました。

その切り札が、1日100万本のワクチン接種でした。全力で取り組みましたが、思ったより早く目標を達成することができたのは、医療関係者はじめ、多くの方々のご協力あってこそだと、感謝申し上げたいと思っています。

大西 旅館業界にとっては、「GoToトラベルキャンペーン」は、まさに起死回生の政策でした。コロナによって、完全に人流が止まってしまいましたが、キャンペーンは即座に回復効果があり、われわれも生き返ることができました。もし、あのキャンペーンがなかったら、日本の旅館は間違いなく沈没していたと思います。

そのほか、雇用を守るための雇用調整助成金、日本政策金融公庫や商工中金によるコロナ対策のためのゼロゼロ融資や資本性劣後ローンの融資枠の拡大延長など金融面でもご支援をいただいて、乗り切ることができました。

実は菅先生にもう1つ、感謝したいのが、先生が推進された「ふるさと納税」です。観光にも使うことができ、旅前の予約はもちろんのこと、宿泊先でも宿泊代に利用できる仕組みが

PROFILE
大西 雅之（おおにし・まさゆき）

1955年生まれ。東京大学経済学部卒業後、三井信託銀行（現三井住友信託銀行）勤務を経て、1981年阿寒グランドホテル入社、1989年社長就任。2016年に鶴雅ホールディングス体制のCEOに就任。2022年から2024年まで日本旅館協会会長を務めた。明日の日本を支える観光ビジョン構想会議委員、アイヌ政策推進会議委員、北海道経済連合会副会長、北海道観光機構特別顧問、JTB協定旅館ホテル連盟前本部会長、阿寒観光協会まちづくり推進機構会長を務めるなど観光産業の発展に尽力している。

SPECIAL DISCUSSION

できたことで、お客様からも好評をいただいています。地域経済の活性化への大きな力になっています。

中村 私たちは、2020年7月には、関西での展示会実施をいち早く決断しました。展示会の主催者として、再開は使命だと考えていました。

年に1度の展示会は、出展者、バイヤーが一堂に集う機会です。とくに中小企業の皆さんにとっては、なくてはならない商談の場、ビジネスの場で、再開を望む声がたくさん寄せられていました。

そんな中、大阪府、大阪市にも協力をいただき、いろんな協力会社の皆さんと英知を結集し、安全性を最優先した今までにない新しいスタイルで展示会を開催することができました。

実は数多くの展示会の主催者の皆さん方がこの展示会を見学され、その後、次々に再開されたと聞いています。3日間の開催が無事終了した時には、1つのモデルがつくれたのかな、と思いました。

出展者、来場者の皆さんからは、大変有意義なビジネスの場を再開してもらったと感謝していただいたことは今も忘れられないことですが、同時に展示業界のために少しはお役に立てたのではと自負しています。

インバウンド6000万人目標は業界にとっての希望の星

——コロナが収束し、観光業界も戻ってきています。

菅 訪日外国人旅行者数は順調に伸びてきています。2023年は、約2500万人でした。コロナ前の2019年に3200万人まで行きましたから700万人少ないんですが、訪日客の日本国内での消費額を見てみると、5000億円もすでに多いんです。

2024年3月には、月間の旅行者数でコロナ前の最高水準を超えました。年間でもコロナ前を超える3500万人まで伸びるでしょう。

コロナ前の目標は、2020年に4000万人、2030年に6000万人だったわけですが、これから大阪で万博がありますし、横浜でも花博があります。世界的な大きなイベントが2030年までにありますから、6000万人という目標に向かって進む、2024年は起点となる年になると思います（図表）。

驚いたことが1つありまして、地方の地価はもう二度と上がらないだろうと思っていたんですが、27年ぶりに上がりました。これは、インバウンドが地方に大きな影響を与えているということだと考えています。

日本の消費の7割は、実は地方。地方が元気にならなければ、国は元気にならない。その意味でも、インバウンドをさらに広げていかなければと思っています。

大西 6000万人という目標は、私たち旅館業界の希望の星です。そして忘れてはならないのは、観光消費額15兆円という目標が同時に出ていたことです。

北海道はコロナ前にインバウンド消費が4300億円ありました。これが6000万人時代に同様の役割を果たすと、1兆円を超える額になるんです。

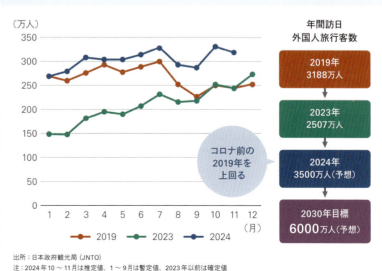

図表 訪日外客数の推移（2019年・2023年・2024年、月別）

出所：日本政府観光局（JNTO）
注：2024年10〜11月は推定値、1〜9月は暫定値、2023年以前は確定値

YOSHIHIDE SUGA × MASAYUKI OONISHI × MASAMI NAKAMURA

北海道の2021年農業産出額の1兆3108億円に匹敵し、インバウンド消費額のスケールの大きさがわかります。

2023年には、訪日外国人観光消費額は5兆円を目標にしていましたが、結果は約5兆3000億円、国内旅行の観光消費額も20兆円の目標に対して、約21兆9000億円と着実にクリアしています。

2025年までに20万円としていた訪日外国人消費単価の目標も、すでに2023年に21万2000円まで行きました。しっかりと目標に向かって歩めているということだと考えています。

中村 われわれの観光産業支援事業は、2023年以降、成長の確かな手ごたえがあります。出展者も増えていますし、入場者も増えている。中身の濃い商談ができるようになったという声もいただいています。

ただ、そんな中で心配の声があるのが、人材不足の問題です。とくにミドルクラスの人材育成、外国人登用の問題が、現場からは聞こえてきています。われわれは人材育成も行っていますので、何か産業界にご支援できることはないか、相談させていただいている最中です。

日本の強みと潜在的なポテンシャルとは？

——観光立国における日本の強みとは何でしょうか？

菅 英国人の経営者で観光の世界に詳しいデービッド・アトキンソンさんの本には、観光には4つの要素がある

PROFILE
中村 正己（なかむら・まさみ）

1953年生まれ。1975年日本能率協会入職。1994年産業振興本部長、2000年理事産業振興本部長、2003年理事経営・人材革新事業本部長、2006年理事・事務局長、2006年専務理事・事務局長（理事長代行）、2009年理事長事務局長、2012年一般社団法人日本能率協会理事長を経て、2016年から現職。

と書かれています。自然、気候、文化、食。そして日本は、そのすべてにおいて優れていて、世界一の観光大国、フランスと比較しても遜色ないと言うんですね。

しかも日本は、北海道から沖縄まで、地域の特色が多様です。食においても、どんな料理を食べてもおいしいという評価をもらっている。しかも、安全で気配りもある。日本は観光の国として、とても優れているんです。これはもっと自信を持たないといけない、と思いました。

実際、そんな日本のよさが、どんどん理解され始めています。日本に一度来た人のうち、ほぼ全員がまた日本に来たい、と調査に答えています。こうした方々が国に帰ると、日本のよさを広めてくれる。これがインバウンド

にとっては、一番の強みになります。

また、そう思ってもらえるように、政府としても仕組みをつくっていかないといけない。私がよく言っていたのは、空港の入国審査で20分以上は絶対待たせない、ということです。これからも日本でインバウンドが増え続けるよう、政府として大きな動きも見ながら取り組みを進めていくことが大事だと思っています。

大西 まったく同感ですが、私はその4つに日本ならではの温泉文化を加えていただければと思っています。今、私たちの業界団体は、温泉文化のユネスコ登録に向けて活動を強化しています。

日本の温泉文化の特徴は、地域によって特色が違い、多様であることです。それぞれの温泉が歴史を持っている。それを愛する日本人だからこ

SPECIAL DISCUSSION

そ、世界にも誇れる温泉文化ができたと思っています。

また、世界では70兆円のマーケット持つアドベンチャーツーリズムについて、日本での取り組みはまだまだこれからですが、大きなポテンシャルを秘めていると感じています。

中村 私が改めて感じているのは、外国の方々が日本のよさを引き出してくれているのでは、という思いです。日本のよさを理解してくださる方が増えている。その意味では、このよさをいかにもっとグローバルに伝え続けられるか、ファンをどうやって増やしていくか。このあたりに傾注していく必要があると思います。そこで少しでも、お役に立てれば、と思いながら話を聞いていました。

――成長に向けて、観光産業が直面する課題には、どう対策していくべきでしょうか?

菅 オーバーツーリズムでは、よく京都が出てきます。しかし、京都でも、オーバーになっている所と、そうでない所があるんですね。そうした全体像をしっかり見ながら考えていくことが大事だと思います。

また、私どもが今、力を入れているのが、ライドシェアです。せっかく日本に来ていただいたのに、移動ができないのでは困りますので。

観光は世界の平和外交にも大きく貢献しますから、そうしたことも踏まえながら、取り組んでいくことが大事だと考えています。

大西 ライドシェアは交通過疎の地方にこそ必要不可欠です。乗合タクシーも含めて、地方の二次交通の要になると考えます。ぜひ、強力に推進していただきたく願っております。

また、観光業界が直面している人手不足ですが、この問題を解消するには働く人にとって夢のある業界にしていかねばなりません。

賃金統計を見ると、宿泊業はサービス業の中でも最低に近く、これをサービス業平均まで持っていく。その実現のために、未来ビジョン委員会を立ち上げました。SDGsという観点も踏まえた、新しい旅館の未来像を示していきたいと考えています。

中村 やはり人材に尽きると感じています。コロナ禍で業界を離れていった皆さんが戻ってくるようにすること。また、次世代を担う人材育成を進めること。大西さんがおっしゃいましたが、夢と魅力にあふれたホスピタリティ産業をつくれるよう、支援を続けていきたいです。

菅 やはり日本に来た人たちに、よい印象で帰っていただくことが大切ですね。今、日本の農林水産品などもかつての何倍も売れるようになってきています。こうした環境を失うことがないよう、官民一体で進めていくことが大事だと思います。

また、観光施策でできることはまだまだ日本にはある。たとえば、文化財の活用です。フランスのベルサイユ宮殿は、一般の人の結婚式に使われたりしています。日本でも、赤坂の迎賓館が使えるかもしれない。

皇居三の丸尚蔵館には、伊藤若冲の絵画だけで30点あるなど、日本が誇る国宝クラスの文化財が皇室から国に寄贈されています。これを世界の人たちに見てもらう。尚蔵館はまだ半分しか完成しておらず、もう半分は2027年になる予定です。

日本の宝はたくさんありますから、もっともっと海外に向かって発信しなければ、ですね。

SPECIAL CONVERSATION
特別対談
TETSUYA KOBAYASHI × HAJIME SHIMIZU

ホテル・宿泊の課題を探る

"お客様の幸せファースト"のために
スタッフ自身が幸せになる業界を目指せ

観光立国の実現に向け、大きな役割を果たすことを期待されているのがホテルなどの宿泊施設である。
外資系ホテルが増えつつある中、日本のホテルの強みはどのようなところにあり、
これからの日本のホテルには何が必要なのか。日本を代表する2つのホテル、帝国ホテルの元会長である小林哲也氏と、
ニュー・オータニの代表取締役である清水肇氏が語り合った。

Photo: Yojiro Terasawa　Text: Toru Uesaka

清水 肇 × **小林 哲也**

株式会社ニュー・オータニ　　株式会社帝国ホテル
代表取締役　　　　　　　　　元会長

SPECIAL CONVERSATION
特別対談

人との「縁」をつなぐホテル
迎賓の場でありつつ公共性も

——ホテルの魅力とは、どのようなところにあるのでしょうか。また、日本のホテルにとって「観光立国」とは、どのような意味を持つと思われますか。

小林 帝国ホテルは1890年、日本国政府の要請によって生まれました。明治政府は、幕末に江戸幕府が結んだ不平等条約を解消することを第一義としており、そのためには海外の賓客を迎える必要があったのです。初代会長は渋沢栄一でした。わずか60室で始まった小さなホテルが、どうしてこれまで続いたのか。それは迎賓館として国の要請で建ったという、生まれながらにしてブランドだったからなのだと思っています。そしてそのブランドを毀損しないよう、懸命に守り続けてきた歴史やご縁があります。

ご縁の1つに世界3大建築家の1人と言われたフランク・ロイド・ライトによる1923年の新館の設計があります。彼ほどの人物が東洋の小さなホテルの設計を引き受けてくれたのには、日本人ではじめて総支配人になった林愛作とのご縁がありました。浮世絵に魅せられたライトは、林が勤務していたニューヨークの古美術商に足しげく通います。やがて2人は大変親しくなり、ちょうどその頃、林の帝国ホテル総支配人就任が決まり、林がライトに設計を依頼したというわけです。

人間に興味があった私は、大学卒業後、人との関わり合いが多いと考え、ホテル業界を目指しました。帝国ホテルがはじめて公募をした年の1期生です。最初の仕事はトイレ掃除でした。60歳の大先輩から懇切丁寧に教わり、さすが帝国ホテルは違うなと思ったものです。こうなったらトイレ掃除のプロになろうと決め、従業員用のトイレもきれいにするように。これが私のホテルマンとしての原点です。

53年間のホテル人生でしたが、今も思うのは「ホテルは面白い」ということです。入社前の想像どおり、人との関わりがあるからです。お客様とはもちろん、社内外の人たちとの関わり合いも含め、人とのご縁が面白い。これこそがホテルの魅力ではないかと思っています。

清水 私は2024年の夏まで22年間、ホテルニューオータニで総支配人を務めていました。1964年、東京オリンピックの開催に当たり、国からの要請で生まれたのがホテルニューオータニです。海外から多くの観戦者が来ても、欧米スタイルのホテルが足りないので、創業者が住んでいた場所にホテルを造ってほしいと依頼されたのが始まりでした。いきなりそう言われて「やりましょう」という人はなかなかいないでしょうが、創業者の大谷米太郎は引き受けます。このときの創業精神が、「公共奉仕」と「観光立国」です。

今も国賓をお招きしたとき、宿泊先として国からご用命いただくことも多いのが、迎賓館とホテルニューオータニ、そして帝国ホテル、ホテルオーク

ラの4つです。国賓を迎えた歓迎パーティや晩餐会でも、国の代わりに私たちが接遇を担います。言ってみれば、国のスタッフとなって皇族方や政財界トップの宴席をお手伝いする。まさに公共奉仕です。

近年象徴的だったのは、東日本大震災発生時のことです。帝国ホテルやわれわれホテルニューオータニなど、多くの日本のホテルが帰宅困難者に安全な場所を提供しました。飲料を用意し、携帯電話の充電もできるようにし、翌朝には軽食をお出しして、安全を確認してお帰りいただきました。ホテルはプライベートカンパニーとして利益を求める存在ですが、一方で高い公共性を有していることを再認識した出来事でした。まさに創業者の言う「公共奉仕」です。

一方で、「観光立国」はわかりにくい言葉です。日本の景観や美術館、博物館を整備して、すばらしさを訴えて日本に来てもらい、外貨を使っていただく。それは日本の経済基盤になりえますから、「観光立国」とは、日本を海外の人に売り込むマーケティング活動のようなものかと思っていました。しかし、新型コロナウイルス感染症の収束で年間3500万人もの人が来日するようになり、しかもその目的は和食だったり、アニメだったり、サムライ文化だったり、桜や紅葉であったり、神社仏閣であったりするわけです。つまりは日本に憧れておいでいただいている。そう考えると、「観光立国」とはマーケティングを行うことではなく、日

本に憧れていただくブランディングだと思うようになりました。世界で一番のブランド国は、年間1億人が訪れるフランスです。しかし、日本も世界のブランド国の仲間入りをしようとしていますし、そうしないといけません。

オーバーツーリズムはインバウンドだけの問題ではない

――一方で、インバウンドの拡大には、さまざまな課題も指摘されています。

清水 オーバーツーリズムをやり玉に挙げるメディアもありますが、日本が置かれている状況を冷静に見つめる必要があると思っています。少子高齢化で人口減が続く日本は、2050年には人口が1億人を下回り、今より3000万人も減ると予測されています。その後も10年ごとに1000万人ずつ減っていくとされ、観光業の国内マーケットはどんどんシュリンクしていくでしょう。

一方、今や毎月約300万人が世界から来日しています。日本の宿泊業には2月、8月という経営の厳しい月がありますが、インバウンドの場合は季節に関係なく毎月、一定人数に来てもらえるので、宿泊業は安定した環境を整えることができます。政府は2030年には年間6000万人のインバウンドを目指しています。月に換算すると500万人で、それほどの方に来ていただけるからこそ、私たちは成長が見込まれます。

もう1つ、インバウンドによるオーバーツーリズムだけが問題ではないということも指摘しておきたいと思います。つまり、国内マーケットにおけるオーバーツーリズムです。ゴールデンウィークやお盆、お正月は、どこも大混雑しています。道路は渋滞、飛行機も新幹線も予約は取れず、宿泊施設は特別料金です。オーバーツーリズムの問題は、実はインバウンドだけの問題ではなく、日本全体の問題として、議論する必要があると思っています。

小林 インバウンドは大変な需要で、日本にとって、とてもありがたいのは事実です。ただ、一定数以上の数になると、ツーリストのビヘイビア（振る舞い）が問題になってきます。ここを日本側がしっかりサポートする必要が

あると思います。たとえば、中国の方が北海道でカニを食べると、殻をどんどん足元の床に捨てていくという話を聞きます。すると、「こんな行儀の悪い食べ方をするツーリストには来てもらいたくない」となります。しかし中国における日常のビヘイビアは、それが当たり前。カニに限らず、中国では口から出した魚介類の殻や肉の骨などのゴミはお皿に戻さないことがマナーです。そのため、なぜ日本人が不快になっているのかが理解できない。日本で気持ちよく過ごしてもらうためにも「日本ではこうですよ」と、旅行会社などが事前に伝えるなどサポートが必要です。

私たち宿泊業も、インバウンドがなくなったら困ります。ですから私たちも海外から来たお客様をサポートし、

SPECIAL CONVERSATION
特別対談

啓発する努力をしないといけません。丁寧に伝えれば理解していただけるはずですが、はたしてその努力がされているでしょうか。

――宿泊・レストランなどの観光関連事業を振興するために、日本能率協会（JMA）では、国際ホテル・レストラン・ショーを開催しています。
　お２人はその運営にも長年関わってこられました。振り返ってみて、業界にどんな影響を与えたと思われますか。

小林　ホテルや飲食業の需要と供給をマッチングする場として、大きな意味を持っていると感じています。一方で、ホテル、航空会社、エージェント、企画会社などたくさんの方々と接して感じたのは、この世界には本当に優秀な人がたくさんいるということです。こうした「人」の強みをもっと生かしていけば、産業振興に弾みがつくのではないでしょうか。

清水　日本の宿泊業というのは、家族経営も多く、国内マーケットしか見ていなかったというのがこれまでだったと思います。というのも、ホテルニューオータニができた1964年の訪日外国人は年間35万人にすぎませんでした。私が入社した45年前が110万人。それが今や3500万人にまで増えました。まさに、国際ホテル、国際レストランにならないといけなくなっているということです。
　旅館のサービスもホテル仕様になってきているところもあります。世界の方々に楽しんでいただくためには、宿泊、飲食だけでなく周辺業界もあわせて一体となって取り組んでいくことが重要です。その意味で、この展示会には大きな役割が求められていると思います。

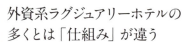

外資系ラグジュアリーホテルの多くとは「仕組み」が違う

――近年、外資系のラグジュアリーホテルの進出が拡大しています。その中で日本資本のホテルの強みについてどうお考えでしょうか。

清水　海外資本のホテルの多くは、マネジメントコントラクト方式、つまりホテルの「所有」「経営」を担う会社が、「運営」の部分だけを別の会社に委託する、いわば分業方式です。直営の国内ホテルは経営リスクを負うわけですが、所有と運営が分離されているとその概念はありません。長期スパンで使っていただくことを考えるか、短期で利益を追求しなければならないかという違いでもあります。

小林　私は「外資系ホテル」という表現に違和感があります。どこの資本でも、マネジメントコントラクトなのか、直営なのかで運営のやり方や目指すものが違ってきます。分業制になってしまうと、長期目線や公共奉仕といった概念を持つのは難しくなってくるでしょう。
　それが如実に表れたのが、清水さんも言われた2011年の東日本大震災のときでした。外資系ホテルの中には、総支配人やブライダルのマネジャーが早々に帰国してしまったところもありました。監督者がいきなり不在になってしまったので、現場の混乱は相当なものだったでしょう。お客様への影響も計り知れません。

TETSUYA KOBAYASHI × HAJIME SHIMIZU

——ホテルニューオータニは2007年「ホテル・イン・ホテル」をコンセプトに、日本ならではのラグジュアリーホテル「エグゼクティブハウス 禅」を開業されました。その狙いや効果についてお話しください。

清水 ホテルニューオータニを正しく評価してほしいと考えたからです。われわれのような大型のホテルは、ラグジュアリーホテルではなく、コンベンションホテルの印象を持たれてしまいかねません。そうすると、サービスが行き届かないのでは、と思われてしまうところがあります。そこで、われわれの考えうる最高の宿泊空間を提供しようとオープンしたのが「エグゼクティブハウス 禅」でした。おかげさまで、「フォーブス・トラベルガイド」でホテル部門のファイブスターをいただくことができました。ファイブスターを持つ日本国内のホテルは都内で9つ、大阪に1つ、京都に2つ、沖縄に1つの計13ホテルしかありません。全世界でも393ホテルです。ミシュランの三つ星もそうですが、ファイブスターはわざわざ泊まりに行く価値のあるホテルという位置づけです。世界中の人からクオリティについて安心感を持ってもらえると考えて、その取得を目指しました。

労働条件を整えて「ヒューマンウェア」の充実を

——お2人の考えるホテルの「おもて

PROFILE
清水 肇（しみず・はじめ）

1955年生まれ。獨協大学卒業後、1979年ニューオータニ入社。ニューオータニマネージメントサービス部長、ホテルニューオータニ料飲部長、東京副総支配人（兼宿泊料飲本部長）などを経て、2002年取締役ホテルニューオータニ東京総支配人（兼宿泊料飲本部長）に就任。以降、2024年7月まで20年間以上、総支配人としてホテルのすべてを舵取りしてきた。総支配人就任の頃は週に1度客室に宿泊したり、レストランなども自分の目で確認。その功績から「ミスター総支配人」とも呼ばれている。

なし」とはどのようなものでしょうか。

小林 何より"お客様の幸せファースト"で考えないとならないと思っています。おもてなしの基本は、誠心誠意、誠実であることです。テクニカルなことは限りなくありますが、ベースになるのはお客様にいかにハッピーになって帰っていただくか。「また来たい」と思っていただけるか、という思いの強さです。

初代の会長だった渋沢栄一は、開業時、社員に最初にこう語ったそうです。「外国からみえるお客様を接遇するのは大変なこと。それでも、皆さんにサービスをしてもらえれば、日本はすばらしかったと必ず言ってくれるだろう。だから、頑張ってください」と。この言葉こそが帝国ホテルのおもてなしのベースとなっています。

清水 「ホスピタリティ」と「サービス」はまったく違うということを理解する必要があります。日本語に訳したら、ホスピタリティは「接遇」、サービスは「接客」です。接客にはマニュアルがあることが多く、それを使えばある程度のサービスができます。しかし接遇はまったく別の世界です。マニュアルを超えて、一人ひとりのお客様の気持ちに添い、何が求められているかを考えていく。120％満足して帰っていただくために必要なのがホスピタリティなのです。

もう1つ重要なのは、接遇を担当するスタッフも幸せでないといけないということ。そうでなければ、いいホスピタリティを提供できません。

——そうした「おもてなし」のためには、どう人材を獲得し育成していけばよいのでしょうか。

小林 私が入社した翌年の1970年に、帝国ホテルでストライキがありました。若かったので驚きましたが、ストはお客様にも迷惑が掛かります。

SPECIAL CONVERSATION
特別対談

その経験がありましたから、人事部労務課長として仕事をすることになったときも、マネジメントに携わることになったときも、労働条件をしっかり整えなければならないという強い思いがありました。日本のトップホテルを目指してきたのですから、従業員の給与や休日などの待遇面でも業界トップにこだわり、1990年には、ホテル業界ではじめての週休2日制度も導入しています。

いいホテルは、建物や設備などのよいハードウェアとサービス面のよいソフトウェアが必要だとされますが、私はソフトウェアに含まれるヒューマンウェアも大事だと考えています。この3つが高品位にバランスよく整ってはじめて、いいホテルと言われるようになるのではないでしょうか。そのためにも、労働条件はよくないといけません。

清水 フォーブスのファイブスターの獲得には長い道のりが必要でした。

ようやく獲得できてわかったのは、獲得すること以上に維持することのほうが大変だということです。従業員が今以上にサービスを向上させるようモチベーションを保っていないとなりません。審査にはチェッカー（審査員）が来るので、そのこと自体が緊張感を生み、教育にもなっています。さまざまな指摘を受けることで、クオリティのレベルも上がっていきます。いつかは「エグゼクティブハウス 禅」で自分を磨いてみたい、というスタッフのモチベーションエンジンにもなっています。

一方で、優秀なサービスパーソンだけでなく、優秀な経営者をいかに育成していくかも大切になってくると感じています。ホテル経営者も、これからは自分を磨かないといけない時代だということです。

──宿泊だけでなく、結婚式場や宴会場などとして、ホテルの機能は多岐にわたります。これからの「ホテルの役割」「ホテルが目指すべきこと」とは何でしょうか。

清水 歴史をひもといてみても、ホテルはお客様にとってのアイデンティティの1つです。ホテルでプロポーズをする。披露宴をする。誕生記念会をする。七五三、入学祝い、成人式のお祝い、就職祝い……。あらゆるお祝いの場になっています。親子2代、3代で同じ会場で結婚式を挙げたというケースも少なくないでしょう。その人にとって、なくてはならないアイデンティティになっているのです。

医師、弁護士、ホテルパーソンは、いずれも人の役に立つ仕事ですが、医師と弁護士に接触するのは困ったときです。しかしホテルは幸せな人が、もっと幸せになるために行くところ。ですからホテルパーソンが考えるべきは、「お客様にいかにもっと幸せになっていただくか」です。そのためにも、ホテルパーソンが幸せでないといけません。

小林 ホテルの運営はハードウェア、ソフトウェア、ヒューマンウェアが大事だとお伝えしましたが、最終的にホテル全体の雰囲気はお客様がおいでになって出来上がるもの。ホテルとお客様が渾然一体となって、ホテルという場ができます。だからこそ、ホテルはお客様にワクワク感を感じてもらい、幸せな気持ちになってもらわないといけません。それをつくり出すことこそ、ホテルパーソンに課せられた役割だと思います。🖊

PROFILE
小林 哲也（こばやし・てつや）

1945年新潟県生まれ。慶應義塾大学法学部卒業後、帝国ホテル入社。セールス部長、宿泊部長、営業企画室長、取締役総合企画室長、常務取締役帝国ホテル東京総支配人などを経て、2004年社長、2013年会長、2020年特別顧問に就任。2022年6月に退任。現在株式会社トーモクの取締役を務める。取締役総合企画室長時代、110周年を迎えたときに策定した「帝国ホテル 行動基準」は、現在も社員の行動指針となっている。

OPENING INTERVIEW

沸騰するインバウンド 課題は解決可能か？

観光立国実現に本当に必要なこと

政府は、観光を日本の力強い経済を取り戻すためのきわめて重要な成長分野と位置づけ、「観光立国推進基本計画」を発表、これを基に、2030年の達成目標として年間訪日外国人旅行者数6000万人を掲げ、インバウンド戦略の推進や地方への誘客を中核とする取り組みに注力している。しかし、訪日外客数が3500万人程度と見込まれる2024年においてすら、オーバーツーリズムをはじめとするさまざまな問題が生じるなど、その道程は決して順調ではなさそうだ。真の観光立国を実現するために求められることを古市憲寿氏に聞いた。

Photo: Hideki Ookura　Text: Hideki Matsui

NORITOSHI FURUICHI

古市 憲寿

社会学者

OPENING INTERVIEW

観光立国ニッポンの確立へ挑戦する意義

まず、「2030年に訪日客6000万人を目指す」という観光立国戦略については、その人数だけにフォーカスした場合、それが決して日本における人口の減少を補えるわけではないことを認識しておくべきでしょう。たとえば、6000万人の観光客が、年間約52週のうちの1週間、日本に滞在すると仮定すれば、定住人口に換算して115万人強となりますが、2030年には現在より800万人以上減少すると見込まれている人口を補完するものにはなりえません。その意味では、必ずしも観光立国の実現が日本経済の復活に直結するわけではなく、日本経済全体の活性化に寄与する施策として、過度にインバウンドの振興に期待することは避けるべきだと考えています。

他方で、日本の観光地が高いポテンシャルを持っており、インバウンド戦略の推進に、経済の活性化や地方の振興に対する大きな可能性があることは事実です。そして年間6000万人という訪日外国人旅行者数は、フランスなどの世界的観光立国と比べれば、決して多いわけではありません。観光業を日本経済復活の重要な成長分野の1つとして位置づけるなら、むしろより高い目標を掲げ、その実現に向けた取り組みに挑戦すべきなのかもしれません。

日本人の国内旅行に目を転じても、今後は人口減少と従来のボリュームゾーンである観光客のさらなる高齢化による、市場規模の縮小は避けられません。その意味でも、好むと好まざるとにかかわらず、インバウンド需要の開拓を前提とした観光業の推進が不可欠なのは、間違いないでしょう。

料金の徴収と投資の仕組みづくりで解決できるオーバーツーリズム

とはいえ、年間6000万人、あるいはさらに多くの訪日客を迎え入れるためには、すでにさまざまな分野でオーバーツーリズムの問題が発生しているとおり、クリアすべき課題は決して少なくありません。

たとえば、オーバーツーリズムの代名詞となっている京都では、外国人観光客による混雑やゴミの問題が浮上しました。また2024年は、山梨県富士河口湖町のコンビニエンスストアが、店舗の上に富士山が乗ったように見える構図の写真が撮れると人気を博して多くの外国人観光客が押し寄せたため、行政サイドが撮影スポットに黒い幕を設置したことが話題となりました。しかしこのようなオーバーツーリズムの問題は、料金の徴収と観光に対する投資の仕組みの導入で解決できるものばかりなのです。

まず、京都に代表される日本の観光地は、海外に比べて観光税や宿泊税が安すぎる、また地域によっては観光税などの料金が設けられていないという点が問題です。たとえば、米国のハワイ州のホテルでは、料金に日本の宿泊税に当たる「Transient Accommodations

オーバーツーリズムで問題となった山梨県富士河口湖町のコンビニエンスストア
写真:naruto4836/shutterstock.com

Tax」が10.25％課せられます。一方京都市では、1人当たりの室料が5万円以上でも1,000円、2万円未満ではたった200円が課税されるにすぎません。今以上に料金を徴収できるシステムを構築し、そこで得た資金を多言語対応のボランティアの採用やゴミ箱の設置に活用することで、スムーズな旅行のサポートやゴミ問題の解決を図ることができるでしょう。富士河口湖町のコンビニの事例も、撮影料金を徴収するスポットとすることで、徴収した資金をインバウンド受け入れのための施策に投資すればいいのです。

さらに昨今、オーバーツーリズムに関連して、訪日外国人と日本人や在留資格を持つ外国人の間で異なる価格を設定する「二重価格制度」の導入も議論の俎上に乗せられることが少なくありません。そもそも国籍などで区別することが容易ではないため、個人的には料金面で海外からの観光客と国内の旅行者を分けることには反対です。たとえば観光税については、日本人観光客も含めて、はじめて訪れた観光客には高い料金を設定し、何度も来てくれている人にはリーズナブルな「リピーター料金」を設定するなど、多様な仕組みづくりについて考慮する余地があると思います。このように、価格に関する新たな仕組みを導入するというシンプルな施策で、オーバーツーリズムの多くの問題が解決できるのではないでしょうか。

海外では、国内外の観光客に対する料金を区別する「二重価格制度」に限らず、サービスに対する料金を細かく設定する「料金のゾーニング」が行われているケースが多く見受けられます。たとえば、世界でもっとも高層の建築物として知られる、アラブ首長国連邦のドバイにあるブルジュ・ハリファのホテルでは、ラウンジの有無や利用できるフロアの条件などに応じて、非常に細かく料金が設定されていて、それぞれの観光客のニーズにこたえるシステムとなっています。

また、日本国内では昨年くらいから、500円程度の手数料を負担すれば、人気ラーメン店などに並ぶことなく入店できる「行列のスキップサービス」を導入する店舗も増えてきており、人気を博しています。これは、とりわけ限られた時間を有効に活用したいと考えるインバウンド旅行者には、大きな利便性を提供することができるサービスでしょう。このようなシステムを考案・活用することも、オーバーツーリズムの混雑の解消に役立ちます。

従来の日本は、いわゆる中間層が占める割合が高く「一億総中流社会」と言われるような社会構造だったこともあり、基本的に一律の料金でサービスを提供することが当たり前でした。そのため、同一のサービスに複数の料金を設定することに罪悪感や抵抗があるのか、海外ではかなり以前から導入され普及している「二重価格制度」の導入にも賛否が分かれるなど、「料金のゾーニング」ができていないというのが正直な実感です。前述した行列のスキップサービスのように、

決して高額ではないオプション料金を設定するだけでも、観光客の利便性を大きく向上させることができるのです。

もちろん、オーバーツーリズムは、日本に限った問題ではありません。しかし、「混雑するから来るな」「撮影できないように幕を設置せよ」といった排除・禁止の論理に基づく施策は、現在と未来を切断する無意味な行為にほかなりません。イタリアのベネチアが、観光シーズンのピークに市内に入る観光客から手数料を徴収する制度を導入しているように、観光客から得た料金を資金として、観光資源とその活用に投資するスキームを構築することが現在の世界のトレンドであり、日本もその仕組みづくりに取り組んでいくことが大切だと思います。

OPENING INTERVIEW

観光客がストレスなく旅行できるインフラを構築せよ

 また近年、観光業においてもITの活用やDXの推進が必須だと言われる一方で、実際に海外を旅行していて実感するのは、日本国内の観光業におけるテクノロジーの導入・活用の遅れです。

 たとえば、ウズベキスタンを旅行した際には、ロシアとその周辺国を中心に展開されているライドシェアリングサービス「Yandex.Taxi」を使って、車の手配から目的地への移動、料金の支払いまで、言葉を交わすことなくスマートフォン一つで済ませることができました。これに比べて、行き先を伝えてもわかってもらえなかったり、遠回りされてしまったりすることもある日本国内のタクシーのほうが、ストレスを感じてしまうほどです。

 ライドシェア普及の遅れは、日本が観光におけるテクノロジー後進国であることの象徴の1つにすぎません。公共交通機関におけるクレジットカードのタッチ決済や空港の自動化ゲートなど、海外で普及しているシステムも、日本では必ずしも広く導入されているわけではありません。さらには、新幹線のネットによる予約受付が、時差により日中に当たる国も多い23時30分以降の深夜に稼働していないなど、海外からの観光客の利便性をまったく考慮していない信じがたい状況だと言っていいでしょう。

ロシア発のライドシェアリングサービス「Yandex.Taxi」はスマホ一つで配車から決済までできる便利さにより急速に普及した
写真：frantic00/shutterstock.com

 また、インバウンド向けにワンストップで情報を発信するサイトやSNSの一層の拡充も必要です。たとえば韓国には、航空券やホテルの予約ができ、グルメ・ショッピング・観光スポットなどの情報を得ることができる、旅行情報の専門サイト「コネスト」があり、多くの訪韓観光客に利用されています。

 これらは一例にすぎませんが、海外でできているのに日本でできていないことは大きな問題で、それを解決することが喫緊の課題でしょう。逆に言えば、オーバーツーリズムの問題の多くは、スマートフォンの自動翻訳アプリなど身近なものも含め、テクノロジーの適切な活用によりすぐに解決を図ることができるものなのです。はじめて日本を訪れた海外からの観光客がストレスなく旅行できるインフラを構築することは、当然、日本の居住者がスムーズに移動できる環境の整備につながります。日本は、世界に誇ることができる新幹線などの交通インフラを擁しているのですから、ソフト面を含め、よりインバウンドに配慮したシステムづくりに取り組むべきだと考えます。

地方へのインバウンド誘客で国内旅行の振興を実現する好循環を

 オーバーツーリズムの問題とも関連しますが、真の観光立国を実現するためには、海外観光客の地方へのさらなる誘致が必要になります。地方自治体や観光地が積極的に情報発信

に取り組むことも大切ですが、その際、もっとも重要なのは、一方的な日本側の目線で「よかれ」と思って提供するものと、海外観光客が必要としたりすばらしいと感じてくれたりするものは、決して同じではないということを理解することです。

「おもてなし」の精神とは、あくまでも相手が欲しいものを提供しニーズを満たしたうえで、さらにその先の満足度の向上に努めることです。こちらから何かを押し付けるのではなく、旅行を通じて海外観光客ならではの視点で日本のすばらしさを発見してもらうことで、日本に住む私たちが自分では見つけられていなかった価値に気づかされることもあります。

たとえば、岐阜県の白川郷や飛騨高山などは、コロナ禍のかなり以前から、海外からの観光客によって改めて見いだされた観光地として有名です。さらには、徳島県にある祖谷のスリリングな吊り橋「かずら橋」や北海道ニセコの軽くて柔らかい雪質なども、海外観光客に人気となっています。このように、日本居住者が当たり前だと思って見逃してきた地域の景観や文化、慣習などの価値を海外からの観光客によって再発見する例は枚挙にいとまがなく、このことが国内旅行の振興にもつながっています。地方へのインバウンド誘客によって、このような好循環を生み出すことを目指すべきでしょう。

また、インバウンドの地方誘客を図る際、都市部にも増して懸念されるのが、観光業における人材の不足です。しかし人材不足については、現状の給与の低さが一番の要因であり、適切な賃金水準を確保し、魅力ある職場を実現することで解決できるはずです。前述した観光税や宿泊税の増額、「二重価格制度」の導入以前の問題として、海外に比べて日本は、優れたサービスや商品をより安価に提供しようとする傾向があります。大量生産・大量消費が前提だった高度成長期はそれで構わなかったのかもしれませんが、あらゆる市場が縮小する人口減少の現代においては、提供するサービスや商品に見合う適正な価格を設定することが求められます。それらによって得た利益を給与に反映させるサイクルを確立することができれば、人材の確保と定着が実現できるのではないでしょうか。

海外との厳しい競争を強いられる製造業などに比べれば、ある程度以上の裕福な層をターゲットとして付加価値のあるものを提供する観光業は、従来以上に適正で高額な料金の設定が容易で、ポジティブなスパイラルを生むことは、決して難しいことではないと思います。

加えて、柔軟で多様な働き方の導入で観光業を今以上に魅力ある仕事にすることで、より多くの人材を安定的に確保することができるでしょう。そもそも、働く場所自体が観光地という魅力ある地域なのですから、フルタイムで働くスタッフや短期的なアルバイトとは別に、仕事をしながら休暇を楽しむ「ワーケーション」のような働き方を導入し、週に2、3日など、限定的に働く人材を募るのも有効で、そのようなワークスタイルに対するニーズは、少なからず存在するはずです。

また、これまでは海外で働く機会を得るために学ぶことが多かった英語をはじめとする外国語も、インバウンドの振興により、地域にいながらにして観光業に携わりながら、そのスキルを生かすことができるはずです。十分な給与と魅力的な働き方・職場の実現で、優れた人材を地域の観光業に集めることができる可能性は、大いに高まると言えるでしょう。

真の観光立国を実現するために日本のファンを醸成する

日本社会は今、世界でも例のない高齢化と人口減少を迎えようとしています。これは観光業に限ったことではありませんが、事業の継続と発展を実現するためには、このような人口動態の変化をつねに意識することが重要です。とりわけ、観光業をはじめとするサービス業や飲食業は、これまでと同じスタイルのビジネスを行っていては、単純に売り上げが減少していくことは明らかです。冒頭に述べたとおり、このような社会状況の中でインバウンド戦略を推進し、観光立国の実現を目指すことには大きな意義があります。

さらに、経済的な効果以外にも、

OPENING INTERVIEW

観光旅行やインバウンド誘客は安全保障の面でも有意義です。少々オーバーに、あるいは楽観的に表現すれば、観光は世界平和につながるものだと考えています。たとえば、日本では台湾に親近感を覚える人が多いですが、それは観光旅行による互いの交流が昔から盛んで、友好的な関係を構築できているからです。言うまでもなく、世界情勢は多様な要素が絡み合って動いているものですが、多くの人が互いの国のファンであることは、国や地域同士が友好関係を築くうえでの大きなモチベーションになるのは事実でしょう。

海外から訪れてくれた観光客に、日本に対してポジティブなイメージを抱いてもらい、日本のファンを増やしていくことは、今後、とても大切になります。世界における日本の経済的なプレゼンスが低下していく中でも、日本の文化・歴史の価値といったソフトパワーで国際社会における存在感を発揮することができるはずです。事実、イタリアにおけるブランドの多くが、観光によって醸成されてきたのです。日本の観光業におけるさまざまな仕組みの不十分さやテクノロジー活用の遅れは前述しましたが、一方で、四季折々の景観の美しさや食のおいしさ、交通機関の運行の正確さ、治安のよさなどは、他国にはない大きな魅力です。

私たちにとっては日常であることも、海外からの観光客たちは、特別な体験として楽しんでいます。日本に住む人たちとの出会いは、彼らや彼女らにとって、何度もあることではないかもしれません。私は、海外からのすべての観光客の皆さんに、日本と日本の人たちに対してよい印象を持って帰国してもらいたいと願い、そう感じてくれるように接したいと思っています。やるべきことは決して少なくありませんが、真の観光立国を実現するためには、そのことを私たち一人ひとりが心がけることも大切なのかもしれません。

PROFILE
古市 憲寿（ふるいち・のりとし）

1985年東京都生まれ。社会学者。若者の生態を的確に描出し、クールに擁護した著書『絶望の国の幸福な若者たち』などで注目される。「今後の経済財政動向等についての集中点検会合」委員、内閣官房「クールジャパン推進会議」メンバーなどを務める。日本学術振興会「育志賞」受賞。2018年には初の小説単行本『平成くん、さようなら』を刊行。ほかに『だから日本はズレている』『保育園義務教育化』『絶対に挫折しない日本史』『ヒノマル』『謎とき 世界の宗教・神話』などの著書がある。慶應義塾大学SFC研究所上席所員。日本大学藝術学部客員教授。

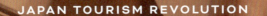

JAPAN TOURISM REVOLUTION

Chapter

1

食

伝統と革新の探求

観光庁が2023年に調査した「訪日外国人の消費動向」によると、海外客が「訪日前に期待していたこと（複数回答可）」の問いに対し、もっとも多かった答えが「日本食を食べること」であり、回答率は83.2％に上った。日本で食べる料理のおいしさが、それだけ世界に認知されている証しでもある。

日本ならではの風土や日本人の気質と食は、密接な関わりがある。自然環境と生産者が作り出す食材のおいしさ、世界の多様な食文化を取り込む先進性、そして料理人や製造者の意識と技術力の高さ、きめ細かさは、日本のものづくりと同様、独自の強みと言える。

日本の食の魅力を、どのように守り、伝え、進化させて、提供するか。食のイノベーターたちの挑戦にクローズアップする。

和食文化が急速に浸透、世界のトップシェフも注目

なぜ日本料理は世界に受け入れられてきたのか

京都・祇園の老舗料亭「菊乃井」の三代目主人、村田吉弘氏は、
100年以上の歴史を持つその料亭を受け継ぎ、発展させるとともに、日本料理を世界に広めることを
ライフワークとしてきた。和食のユネスコ無形文化遺産登録実現の立役者でもあり、
すでに多大なる貢献を果たしてきたが、今もその情熱は変わらない。日本料理を世界へ──。
その思いの裏には、変わらぬ1つの願いがあった。

Photo: Naoshige Narita　Text: Yuki Kondo

村田 吉弘

菊乃井 三代目主人
株式会社菊の井 代表取締役

料亭によって継承される日本の文化と伝統産業

　僕が料理の現場としているのは料亭です。料亭ってどんなところかと聞かれたら、僕は「基本は飯屋です」と答えています。ハードルが高くて自分には縁のないところ、政治家が集まって悪巧みするところ、のような印象を持っている人も少なくないかもしれませんが、そういう場所ではありません。

　普通の人が普通に働いて、ちょっと贅沢しようというときに行ける場所が、本来の料亭です。子どもの成人式や、夫婦の大切な記念の日。おばあちゃんの米寿のお祝い、そして法事。そ

のような人生の節目の日などに、少し奮発すれば皆が行ける。そんな場所であり続けることを大切にしながら、菊乃井を継承してきました。

　一方料亭は、料理がすべてではありません。建物の構えや庭のたたずまい、部屋の調度品や女将の立ち居振る舞い。そうしたあらゆる要素を楽しんでもらえるよう、趣向が凝らされています。僕は、「大人のアミューズメントパーク」と呼んだりしていますが、日常とは離れた空間、時間を楽しみに来てもらう場所やと思っています。

　また料亭は、最高の日本料理を楽しんでいただく場所であると同時に、日本の文化や伝統産業を集積させた場所でもあります。たとえばこの部屋

について言えば、窓に取り付けられた葦簀。これは琵琶湖の葦で、割れが生じないようその中心部だけで作られたものです。まさに日本の伝統技術によるものですが、残念ながら今はもう手に入れるのが困難です。さらに窓のガラスは、表面が少し凸凹しているのがわかるかと思いますが、これは大正ガラスです。創業当時から使われています。

　このように、部屋を少し見回しただけでも、料亭には、伝統的な技術や文化が詰まっていることがおわかりいただけるかと思います。料亭を守り、それらを次の世代へと継承していくことは、僕らの使命やと考えています。

JAPAN TOURISM REVOLUTION
CREATING A HUGE GROWTH MARKET TOWARDS 2030

Chapter 1-1

世界の一流シェフは皆日本料理を学んでいる

「和食」は2013年にユネスコ無形文化遺産に登録されました。僕が2004年に設立したNPO法人「日本料理アカデミー」による提言が登録の発端です。それから現在までの約10年の間に、日本料理は驚くほど世界各地へ浸透しました。登録前、海外の日本料理店は5万5000軒でしたが、10年後の2023年には18万7000軒になりました。また、日本の一次産品の輸出量も、10年で約5500億円から約1兆4500億円まで増えました。

このように急激に日本料理が広まったのは、今世界中で健康志向が高まり、ヘルシーな食べ物を求める人が多くなっていることとも関係していると思います。日本料理は世界で唯一、「うま味」を中心に構成されています。他国の料理がいずれも脂質を中心に構成されている中で、日本料理が際立ってヘルシーなのはそのためです。

うま味は、日本人科学者の池田菊苗博士によって発見された第5の味覚で、これがしっかりと生かされた料理は、脂質の量が少なくても食べた後に十分な満足感が得られます。つまり日本料理は、うま味で構成されているゆえに、カロリーが低いのにしっかりと味があって満腹にもなるのです。

そのことが広く知られるようになった今、世界の一流シェフはみな、どこの料理を専門にするにせよ、日本料理を学ぶようになっています。現在、世界一有名なシェフともいえる、デンマーク・コペンハーゲンのレストラン「noma」のレネ・レゼピ氏も、日本に来て僕の下で日本料理を学んだのち、世界を驚かす独自の料理を生み出すようになりました。

レネ氏は、トナカイの後ろ脚をボイルして、一冬中吊るして乾燥させたものをつくり、それを削って、デンマークの海で探した海藻と合わせて、だしを引いてます。かつお節と昆布のおだしを彷彿させますが、これは、アミノ酸であるグルタミン酸と、核酸系う

special issue No.14 Think! | 25

JAPAN TOURISM REVOLUTION
CREATING A HUGE GROWTH MARKET TOWARDS 2030

ま味物質であるイノシン酸を一緒に口に入れることによって、相乗効果でうま味が飛躍的に強くなるのです。イノシン酸は肉や魚などに含まれるうま味物質です。

今や、うま味を自分のものにできたシェフが、世界のトップシェフになっていくという時代なのです。

なぜ日本だけが、うま味を料理の軸としてきたのかというと、日本ではもともと獣類の肉を食べなかったことと関係しています。獣類の脂が身近にありませんでした。

また、日本は長く鎖国していたため、その時代、灯油はなく、手に入る油といえば菜種油くらいでした。菜種油は大さじ一杯で、灯芯に火を灯せば一晩明るい。それを料理に使うなんてもったいなくてできなかったんです。そうした背景と、海に囲まれた環境から、うま味が凝縮された昆布やかつお節によってだしを取るという方法が、日本で独自に発達してきたのだと考えられます。

旅の楽しみは
その地域でしか出合えない「食」

旅行の中で、その土地の特産であるようなおいしいものや、地域独特の料理を食べることは何よりの楽しみや と僕は思っています。しかも日本料理は、他国の料理との違いは大きく、ヘルシーだということも知られている。日本に来る旅行者にとって、地域ごとに独自の日本料理を食べたいという思いはとても大きいのではないでしょうか。

だからというわけではないけれど、僕は、地方から出てきてうちで修業する子たちにはこう言うんです。京都で修業して京都に残って店を出すとか、東京で修業して東京に店を出す、というのはあかん。皆自分の地域で一番になれ、と。京都で身に付けた技術を持ち帰って、京料理をまねするのではなく、その地域にある材料を使ってその地域の料理を進化させてほしい。そういう教えを守ってくれる子が多いから、うちで修業した子は大体、地元に帰って店を出して、皆、星の1つくらいは持っています。そういう店は、地域へ人を呼び寄せるうえで大事な役割を果たしているはずですし、観光客にとっても、そのような店との出合いが旅の喜びなんやないかなあと思います。

僕自身にとっても、海外での食に関する経験は重要でした。大学時代にフランス料理のシェフを目指してフランスに行き、はじめは現地の料理店で働かせてもらいながら修業しようと思っていたのですが、思うようにいかなくて、結局毎日、公園で本を読んで勉強しながら昼にはソルボンヌ大学の学食に行ってお昼を食べる、というような生活をしていました。

そうした中、大学で現地の学生と話をすると、皆日本料理なんか知ら

1912年創業の「菊乃井」本店。高台寺の緑に包まれた建物は江戸末期の数寄屋建築

CHAPTER 1-1
YOSHIHIRO MURATA

ないということがわかってきたんです。すしやそばを食べたことがあるという学生は言いました。「日本の料理は炭水化物ばっかりだ。あんなもんばっかり食べてたら栄養失調になるぞ」と。それを聞いたら、何言うてんねん、日本料理はそんなんやないで、って思いますよね。

もう1つ忘れられない経験は、ある公園で本を読んでいたときのこと。横でお母さんが赤ちゃんに離乳食を食べさせていたのですが、見るとそれは、白くて豆腐みたいなものでした。「それはなんですか」と聞くと、意味のわからない言葉が返ってきたので、その場でそのお母さんと一緒に辞書を引くと「小羊の脳みその塩ゆで」とありました。それを見て思ったんです。「離乳食でこんなん食うとるやつらに俺は勝てんな」。フランス料理をやっていったら、絶対自分は世界で1番にはなれへん。それならやめようとそのときに決めました。そして逆に「日本料理を世界中に広めることを自分のライフワークにしよう」と、日本料理をやっていくことにしたんです。

「苗木」になった日本料理をさらに世界に広めるために

その後帰国して大学を卒業後、実際に日本料理の道へ進みました。「菊乃井」を継ぐとともに、「日本料理アカデミー」を設立し、「和食」のユネスコ無形文化遺産登録の実現にも力を尽くしたつもりです。

すがすがしく整えられた玄関は、月ごとに設えを変える。7月は祇園祭を表現

日本料理アカデミーをつくって、日本料理を世界の料理にしようと本格的に動き出した背景には、日本の食糧問題への危機意識がありました。たとえば今の日本の食料自給率（カロリーベース）は、38％です。50年後には29％になるという予測調査もあります。しかも人口は今よりも減少して、労働人口の割合も減る。日本が貧しい国になってしまったときに、はたしてこの国の子どもは飢えないだろうかと、とても心配しています。政治家も官僚も、おそらく50年後のことなんて考えていません。でも僕ら食に携わっている人間は、その問題に対して責任を持ち、真剣に考えなければなりません。そのためにも、日本料理を世界の料理にし、日本の一次産品の輸出量を増やす。それが、今後この国で生きていく人たちの未来を守

るために、僕らが今やるべきことやと思うんです。それが僕にとって「日本料理を世界に広める」という思いの原動力なのです。

アカデミーを設立してすでに20年が経ち、日本料理を世界へという活動の成果は確実に出ています。一方、今後乗り越えるべき課題と感じていることもあります。

まず思うのは、「待つこと」の大切さです。世界中に日本料理店が増えてきた中で、日本料理とはまったく違うようなものが日本料理として出されていることが世界各地で起きています。そういうときに、たとえば政治家の先生方が「あんなものを日本料理としといたらあかん」などと言わはったりしているのですが、僕は、そういうのは言わんほうがええって思っています。今、日本料理は、やっと苗木になったとこ

special issue No.14 Think! | 27

JAPAN TOURISM REVOLUTION
CREATING A HUGE GROWTH MARKET TOWARDS 2030

ろです。いらん葉っぱもいらん枝も出てきて当然です。そしてそれがいらん葉っぱなのかどうかも今はまだわからない。そんな時期に、「この葉っぱはいらん、この枝もいらん、この枝はこっちに曲げたほうがええな」みたいなことをしていると、日本料理は、かっこよくはなったとしても盆栽になってしまう。日本料理は、盆栽になったらダメなんです。幹を大きく太らせて、大木にしなければならない。そのためには、今は下草を刈って添え木を添えて水をやる。そして20年は待たなければと思っています。

そして待つ一方で、日本料理をきちんと世界に広めるためにもう1つ大切なのは、僕らが継承してきた方法を、数値化し、科学的に伝えられるようにすることです。日本は非常にファジーな国なので、レシピの言葉も曖昧です。

たとえば「薄塩してさっとゆがく」って、日本料理を知らない人には「薄塩って何パーセント?」「さっとゆがくってどうするの?」となりますよね。それをたとえば「沸騰しているお湯に10秒つけて冷水に取れ」と書く。そのように、誰が読んでもどうすればいいかがわかるレシピ本を今、『日本料理大全』として日英の両言語で作っています。それをインターネットで無料公開する予定です。そうすれば、貧しい国の若い子でも、パソコン1台借りられたら日本料理を勉強できます。そうやって、日本料理が世界の誰でも学べる料理になっていけば、もっと広まっていくだろうと思っています。

さらに、長期的なことを考えて、僕が現在進めているのは、日本中の海を"シーベジタブルファーム"にしようという運動です。今、日本の魚がえらい勢いで減ってきています。日本の食文化を守らねばいかんということもありますが、世界に目を向けると、100年後には地球上に人類を養えるだけのタンパク質はなくなるといわれています。

将来の食料難を救うとして昆虫食が注目されていますが、海藻には約10%のタンパク質が含まれています。それだけでなく、ミネラルや食物繊維などが豊富でカロリーが少なく、健康的な食品です。昆虫より海藻を食べたほうがええでしょ?

日本の海岸線の長さは世界で第6位を誇っていて、その海岸線に食べられる海藻は実に1500種類もあるんです。その海岸が海藻の畑になれば、水はきれいになり、小魚も増えます。そうすればその小魚を餌とする大きい魚も増えるわけです。甲殻類もたくさん繁殖して、日本の海は豊かになります。

全国にいる、そうした研究や事業をしている人たちを集めて、プラットフォームをつくろうと、オーシャンプラントという団体をつくって活動中です。2025年の大阪・関西万博にも出る予定です。

海藻は二酸化炭素吸収量も陸上の植物よりも多いので、CO_2問題も解消されるでしょう。さらに、漁師不足問題の解消も期待できます。漁師さんの平均年齢は高齢化していて、後継者もいません。漁に出られないときは海藻を採るなどして収入を増やす仕組みをつくれば、問題解決につながるのではないでしょうか。

海藻は日本人と韓国人の一部しか

床の間や掛け軸、庭のたたずまいなど、料理とともに空間も楽しめる

食べないといわれていますが、加工した海藻はどんな民族にも紹介できると思います。

デンマークのレネ氏は、海藻を4枚重ねてフライにして米粉のバンズで挟んだハンバーガーを作っていました。これはグルテンフリーで万人が食べられます。歯ごたえがムチムチしていて結構いけるんですよ。こんなふうに、世界のトップシェフは「海藻が肝だ」と注目しています。

「海藻を食べる」という日本の食文化を守るためだけでなくて、こうしたことが世界中に広がれば、と思って力を入れています。

心が貧しくならないように 私たちが考えるべきこと

日本料理が世界の料理になっていくという流れは、もうはっきりと見えています。世界的な流れが、今日本食のほうに向いている。その一方、料理人を目指す若い人は確かに減っていると感じます。昔みたいに時間に関係なく働いてもらうわけにはいかない時代やし、いろいろ難しいなあと思います。でも、将来の夢を持って一生懸命にやっている子はいます。そういう子はどんどん応援していきたいです。

また、今うちでは、ミャンマーの若い子が10人以上働いています。彼ら彼女らとしては、自分の国がどうなるかもわからへんから手に職をつけて、自立して家族とともに暮らせるようになろうと思ってこっちに来ている。そ

PROFILE
村田 吉弘（むらた・よしひろ）

1951年京都祇園の老舗料亭「菊乃井」に長男として生まれる。立命館大学在学中、フランス料理修業のため渡仏。大学卒業後、名古屋の料亭「加茂免」で修業を積む。1976年「菊乃井木屋町店」を開店。1993年株式会社菊の井代表取締役に就任。2004年「赤坂菊乃井」、2017年「無碍山房 Salon de Muge」を開店。「日本料理を正しく世界に発信する」「公利のために料理を作る」をライフワークに、食育活動や講師活動を行う。2012年「現代の名工」「京都府産業功労者」をはじめ受賞多数。著作に『だしを極める。日本料理の伝道師・村田吉弘が伝授』（宝島社、2022年）など。

れに対してこっちとしては、これから発展していくアジアの国々に日本料理を広めるためにも、その子たちに日本料理の担い手になってほしいという思いがあります。そのように、互いにとっていい形で、これからも日本料理を伝えていきたい。

いずれにしても、目の前の利益や損得ばかりにとらわれず、長いスパンで、じっくりと物事を考えていかなければなりません。自分や自分の家族さえよかったらええ、自分の町や地域さえよかったらええ。そんな考え方が今の日本にははびこっているような気がするのですが、そのままいけば日本は非常に貧しい国になってしまう。心が

貧しい国が一番貧しいんです。

そういう意味でも、自分たちと文化や背景が異なる人たちと接する機会を持つことは大切やし、京都に来る外国人に対しても、誰でも大らかに受け入れる私たちでありたい。オーバーツーリズムの問題もあるけれど、やはりまずは、来てくれることに対して「ありがたい」という気持ちを持ちたいですね。そして僕らがそういう気持ちを持てるためにも、行政のサポートが大切です。地元の人と観光客が、ともに気持ちよく過ごせるように、できることを一つひとつやっていってほしい。それがきっと、文化を守り、そして広めていくことにつながるんやと思います。

CHAPTER **1-2**
SHINICHI YASUDA

空間にあるすべてのものが食文化をつくり上げる

伝統と作法が息づく"お茶事"は 日本ならではの究極のおもてなし

新宿に大人の道草の場所を――。

文豪・川端康成氏の言葉をきっかけに、1969年に開業した「新宿 京懐石 柿傳」は、

茶室をしつらえ、本格的な懐石料理を供する"茶の湯サロン"である。三代目主人で国際観光日本レストラン協会

相談役の安田眞一氏は「茶の湯には日本の美しい文化とおもてなしの心がある」と語る。

近年、海外でも注目される茶の湯文化の拠点を守り続けるその心とは。

Photo: Shinya Nishizaki   Text: Aki Nakagawa

安田 眞一

新宿 京懐石 柿傳 三代目主人
安与商事株式会社、大安商事株式会社 代表取締役社長

大都会の真ん中で
茶の湯文化を広める

「新宿 京懐石 柿傳」があるのは、JR新宿駅のすぐ隣。八角形の重箱を重ねたようなビルに足を踏み入れたお客様の多くが、「都会の喧騒の真ん中にこのような静謐な空間があるとは……」と驚かれます。

柿傳は享保年間（1716～1736年）に京都で創業した茶の湯の茶事仕出し料理の老舗でした。「表千家の柿傳、裏千家の辻留」と言われております。新宿の柿傳は、本格的な茶懐石の味、そして茶の湯文化を広く伝えようと、私の父である先代の安田善一

が1969年に開業。看板に掲げる「柿傳」の文字は、ノーベル文学賞受賞作家の川端康成氏の筆によるものです。

「茶は茶を飲むにとどまらないで、懐石料理を加へないと、茶のおもむきは味はへません。また、茶の料理は、茶を知らなくても、日本の料理のほんたうに触れさせます」

これは、開店に当たって川端先生が寄せてくださった言葉。新宿柿傳の誕生は、日本の伝統美を愛された先生の助言がきっかけでした。

安田家が新宿で飲食店を手がけるようになったのは昭和の初め頃。初代で祖父の安田与一はもともとメリヤス問屋を営んでいましたが、繊維業界は半年や一年の手形商売が当たり前でし

た。そこで現金商売に切り替えようと、新宿で総ひのきの3階建てのすき焼き屋「安田本店」を始めました。

その後、父・善一が旅館に発展させたものの、第2次世界大戦へと突入。戦後、焼け残った新宿中村屋さんのビルを一部お借りし、料理が自慢の割烹旅館「ととやホテル」として営業を再開し、林芙美子さんや三島由紀夫さんなどの作家の方々がこもって執筆する〝缶詰旅館〟として知られるように。川端先生もそのお一人でしたが、実は、父はそれ以前より懇意にさせていただいておりました。学生時代、結核を患って療養していた軽井沢で、別荘を探しに来ていた川端先生と出会ったのです。父が先生と同

JAPAN TOURISM REVOLUTION
CREATING A HUGE GROWTH MARKET TOWARDS 2030

じ東京帝国大学で美術史を学んでいたこともあり、かわいがってくださったようです。ですから、新しい事業を始めるに当たり、川端先生に相談したのは自然の流れだったと言えます。新宿中村屋ビルの改装に伴い、とどやホテルを閉業、新宿駅の横に所有していた現在の土地にビルを新築することになりました。

川端先生は、「新宿には大人が道草を食うところがない」とおっしゃって、自ら骨董屋を始めるつもりでおられました。大変な収集家でもいらっしゃる先生は「究極の道草は骨董屋」だと言うのです。八角形のビルの意匠は新宿区役所本庁舎などを設計した建築家・明石信道氏によるデザイン。さらには、東京タワーを手がけ耐震構造の父と称された内藤多仲氏が構造を担当され、当時の技術の粋を集めたビルが建設されました。ところが、竣工間近の1968年の秋に、川端先生がノーベル文学賞を受賞。いっそうお忙しくなられて店の経営どころではなくなってしまわれた。そこで、代わりに「茶の湯の仕事を始めてはどうか」と表千家十三代御家元の即中斎宗匠をご紹介くださったのです。

御家元から提案されたのが「お茶事」でした。当時の日本は「昭和元禄の世」だと言われていました。元禄時代（1688〜1704年）は世の中が安定し、文学や美術、学問といったさまざまな文化が開花した時代。茶の湯が盛んになったのもその頃です。御家元は、高度経済成長期で人々の暮らしが安定し、奢侈に流れる時代だからこそ、お茶事ができる場が必要だと言うのです。

お茶事とは、茶道において懐石料理、濃茶、薄茶をフルコースでもてなす正式なお茶会のこと。今は、濃茶または薄茶だけを振る舞う簡略化したお茶会が一般的であるため、フルコースのものを「お茶事」、簡略化したものを「お茶会」と呼ぶことが多くなっています。本来のお茶事は、亭主（主催者）が自ら料理を作って器に盛り、お茶を点てておもてなしをするものです。しかし現代の、とくに都心部の住環境では茶室を設ける余裕などなく、お茶の先生であってもお茶事をすることは難しい。御家元は、茶室と懐石料理があればお茶事が身近になるだろうと、仕出しのみだった柿傳の出店にご協力くださったのです。

テーブル席を設けて現代スタイルの茶事を楽しむ

店内をしつらえるに当たっては、東宮御所（現・仙洞御所）や東京国立博物館東洋館の設計を手がけた谷口吉郎氏にお願いいたしました。

新宿柿傳には3つの茶室がありますが、谷口先生はまず「茶の湯の歴史に残る仕事だから御家元との合作にしていただきたい」とおっしゃって、京都の表千家の屋敷に伝わる「残月亭」を写した茶室「残月」を造られました。残月亭はもともと千利休が、天下人である豊臣秀吉を迎えるために聚楽屋敷に設けた茶室です。二畳の上段があり、秀吉がその上段の柱にもたれ、天井に開けられた突上窓越しに名残の月を愛でたことからその名が付いたといわれています。

また、三畳半の客座と点前座から成る三畳半台目の茶室「一与庵」の入口は「にじり口」です。高さ、幅とも70cmほどのにじり口は、どれほど身分が高い人であっても頭を下げなければ中に入ることができません。つまり、茶室の中ではすべての人が平等だということを示しているのです。

このように伝統と格式を重んじる一方で、店内には懐石料理を気楽に食べられるテーブル席も作り、さらに、「古今サロン」と名付けたフロアには八畳の畳席や立礼席を設置。古今サロンは谷口先生が手がけられた迎賓館赤坂離宮の和風別館にある茶室と似た造りで、畳席で点てたお茶をい

2022年に登録有形文化財に登録された新宿柿傳が入る安与ビル
©Nacasa & Partners

すに座っていただくことができます。本格的なお茶事は3〜4時間かかり、その間ずっと正座をし続けるのは不慣れな現代人には難しい。古今サロンにある立礼席も、近代に入って外国人がお茶を飲めるようにと、テーブル席でお茶を点てたことから生まれたものです。より多くの方に茶の湯文化をお伝えするためにも、新宿柿傳ではお茶は茶室で点て、懐石料理はテーブル席で食べていただくなど、さまざまなかたちでお茶事ができるようにしています。数年前に米国スタンフォード大学の学生が茶の湯体験に来たときも、いすに座って「茶筅(ちゃせん)」を使ってお茶を点てる体験を楽しんでいただきました。

子どもが本物の文化に触れる機会をつくる

では、なぜ今の世にお茶事が必要なのか。それは、お茶事が究極のおもてなしであり、日本の美しい文化と作法が息づいているからです。

お茶事を主催する亭主は、一服のお茶を飲んでもらうために、一期一会の精神で心が行き届いたおもてなしをします。一方の客人(参加者)は亭主のその思いを受け入れて心を通わせる。茶道は「礼に始まり、礼に終わる」と言われています。参加者はまず入口にあるつくばい(手水鉢(ちょうず))で手と口を清め、茶室に入ると床の間で一礼して掛け軸を拝見します。掛け軸にしたためられた書や絵には、亭主の茶会に対する思いが込められているからです。また、花入れにはその時期に咲く花が生けられている。花を通して自然の中に身を置き、わびさびを感じるのです。

お茶を出されたときも、参加者は隣の同席者に「お先に頂戴します」とあいさつをし、亭主に向き直って「お点前頂戴いたします」と頭を下げます。それから、軽く茶碗を上げ神仏に感謝を捧げてからいただく。私は、お茶をたしなむことで人に対する礼や敬う心が育まれていくと感じています。

ですから、新宿柿傳の従業員は皆茶道を習っています。その人の品格や知性、相手に対する気遣いの気持ちは自然と表情や所作に表れてしまうもの。お客様に本物のサービスを提供するためにも、礼を尽くす茶道の心が大切だと考えるからです。

また、川端先生が「茶の料理は、日本の料理のほんたうに触れさせる」とおっしゃったように、懐石料理は日本の食文化の正統です。

そもそも茶の湯文化を発展させたのは鎌倉時代の禅僧であり、懐石料理は禅僧が空腹をしのぐために温めた石を懐に抱いたという伝承に基づく質素な料理です。現代は吸物や八寸などを付ける場合も多いですが、本来は汁・向付(むこうづけ)・煮物・焼物の一汁三菜が基本です。わびさびを大切にするため、旬の食材を使い、味付けは薄くする。魚鳥は用いますが、牛や豚といった動物は使いません。料理は最後にお茶をおいしくいただくためのものであり、脂っぽく、味の強い食材

毎年夏休みに実施している「親子体験食味学習会」の様子。誰でも参加できる「懐石マナー教室」も随時実施
©安与商事株式会社

はお茶の味を邪魔してしまうからです。

昨今は、日本料理のお店でも牛肉のステーキやフォアグラを使った料理を出しているところが珍しくはありません。食文化は時代にあわせて変革していくものですから、それもまた1つのかたちです。ただ、新宿柿傳はおいしさを追求して進化を重ねると同時に、日本の正統を守り伝えていくことも使命だと考えています。

毎年夏休みの時期に実施している「親子体験食味学習会」もその一環で、これは私が相談役を務めている一般社団法人国際観光日本レストラン協会が主宰するイベントの1つです。同協会は日本の食と健全なレストランの発展を目的としている団体で、学習会は参加店がそれぞれ子どもを対象にした料理やマナーの教室を開いています。

新宿柿傳ではお茶事体験を通して作法や礼の心、季節を感じることの大切さを伝えています。もちろん食味を学習する会ですから懐石料理も食べますが、そのときに教えているのが

JAPAN TOURISM REVOLUTION
CREATING A HUGE GROWTH MARKET TOWARDS 2030

だしの取り方です。柿傳で実際に使っている利尻昆布で一番だし、二番だしを取り、インスタントのだしなどと飲み比べをしてもらうのです。

狙いは、日本料理の根幹とも言えるだしの味わい深さを知ってもらうこと。参加したお子さんにはお土産に昆布を差し上げていますが、家に帰ると自分でだしを取っておみそ汁を作ったりするそうです。「だしはちゃんと取らないと駄目だよ」と言われたと苦笑いをする親御さんもいますが、学習会を機に日本料理に興味を持ったり、お茶を習い始めたりするお子さんもいらっしゃいます。

私は、茶事や日本料理に限らず、外食の何回かに1回はコース料理を食べるなどして、子どもの頃から正統派の料理やマナーを体験することが食文化を継承していくうえで大切だと思っています。新宿柿傳で誰でも参加できる懐石マナー教室を開催しているのもそれが理由の1つです。

食は生きるためのものであり文化芸術でもある

新宿柿傳は2019年に創業50周年を迎えました。安与ビルは2022年に国の登録有形文化財（建造物）に登録されています。私は新宿の真ん中にあるこの場所を、日本の伝統文化の交流の場だと捉えています。

1973年に発足した「茶の湯同好会」もその1つです。茶の湯を愛する方であれば流派は問いません。現在、陶芸家の細川護光氏が会長、歴史学者の熊倉功夫氏が専務理事を務め、約1300名の会員が新宿柿傳を拠点に、茶事教室をはじめ、茶の湯の歴史や禅語録を学ぶ講座を通して茶の湯への見識を深めています。

また、ビルの地階にある「柿傳ギャラリー」は、「新宿で大人が道草を楽しめるギャラリー」として、主に現代作家が手がける茶陶や陶磁器、漆器、染織、金工などを展示・販売しています。大変な美食家でもあった芸術家・北大路魯山人は、「食器は料理の着物」であるとして、自ら創作した器に自ら作った料理を盛り付けました。器は料理の味や彩りを引き立てるものであり、柿傳ギャラリーは器の魅力を伝える役割も担っています。

器だけではありません。食は生きるために必要なものであると同時に、文化芸術でもあります。味や盛り付けはもちろんのこと、器やインテリア、照明に至るまで、その空間にあるすべてのものが料理を彩り、食文化をつくり上げているのです。ですから、食に携わる人間はつねに学ぶ心を持ち続けなければなりません。なかなか時間が取れないかもしれませんが、いろいろな店を巡り、食材や味、器の使い方、店の内装など、そこで感じたことを生かしていくことが食文化を育むために大切なことだと思います。

最近は老舗料亭が、カウンター席で食事をいただく板前割烹を取り入れています。比較的気軽に入ることができますし、料理を仕上げる様子を目の前で楽しみながら、作りたての味を堪能できると、若い方や外国の方々にも人気です。より多くの方に日本料理を楽しんでもらえるように、名店も変革と挑戦を重ねているのです。

茶の湯は奥が深く、理解することは難しいと思ってしまう方が多いかもしれません。ですが、一番大切なのは体感すること。より多くの方が立ち寄り、茶の湯文化を体感していただける場所となるよう、新宿柿傳は歩みを進めていきたいと思っています。

PROFILE
安田眞一（やすだ・しんいち）

1948年東京生まれ。早稲田大学第一政治経済学部経済学科卒業。「新宿 京懐石 柿傳」「郷土料理くらわんか」「手打そば大庵」「柿傳ギャラリー」を経営するほか、一般社団法人 国際観光日本レストラン協会相談役。新宿東口商店街振興組合会長なども務め、業界、地域の発展に尽力。ワインに造詣が深く、シニアソムリエの資格を有し、コマンドリー・ド・ボルドー東京副会長、表千家不審菴評議員、茶の湯同好会 理事、東京西ロータリークラブ会員など多方面で活躍中。

JAPAN TOURISM REVOLUTION
CREATING A HUGE GROWTH MARKET TOWARDS 2030
Chapter 1-3

"うまさ"とはその土地の風土から生まれるもの
だし文化の伝統を見直して
日本人の味覚を取り戻そう

日本の食文化は海外からの評価も高く、食を目的に訪れる外国人旅行者も少なくない。
しかし、伝統的な食文化の混乱や衰退を懸念する声も多く、今改めて日本の「食」の在り方が問われている。
国内におけるスローフードの提唱者の一人として知られ、早くから食育の必要性を主張してきたフレンチレストラン
「Le BENKEI（ル・ベンケイ）」のオーナーシェフ尾川欣司氏が、自身の経験を踏まえて日本の食文化の現状と未来を語る。

Photo: Naoshige Narita　Text: Mitsunori Enomoto

尾川 欣司

フレンチレストラン「Le BENKEI」オーナーシェフ
株式会社尾河 代表取締役会長
一般社団法人国際観光日本レストラン協会 名誉会長

JAPAN TOURISM REVOLUTION
CREATING A HUGE GROWTH MARKET TOWARDS 2030

食文化は歴史や気候、風習……多彩な要素から成り立つ

　2023年に日本を訪れた外国人旅行者の数は、およそ2500万人に達しました。一般社団法人国際観光日本レストラン協会の活動などを通じて、私がインバウンドの誘致に携わり始めた2000年代前半、その数はまだ500万人ほどでした。当時を思うと隔世の感を覚えますが、一方でそれも当然の成り行きと感じてしまうのは、私自身が日本の食文化の中に長く身を置いてきたからでしょうか。おかげさまで、2025年、フレンチレストラン「Le BENKEI（ル・ベンケイ）」は開業50周年の節目を迎えます。

　日本に生まれ育った私たちは気づきにくいのですが、日本には外国の方々の心をつかむような魅力がいくつも備わっています。なかでも、大きな魅力と言えるのが料理です。実際、外国人旅行者に訪日の目的を尋ねた観光庁の調査でも、食とショッピング、そして温泉が、つねに上位を占めています。食に対する評価は、日本の食文化そのものへの評価と受け止めてよいでしょう。

　多くの人は、日本の食文化というと、懐石料理を想起するかもしれません。あるいは、懐かしい郷土料理の味に思いをはせる人もいるでしょう。そもそも食文化とは、何を指すのでしょうか。

　文化とは、その民族が長い時間をかけて培ってきた"クセ"のようなものです。日常の暮らしの中で、自然と身についた価値観や行動原理が文化の本質なのではないでしょうか。たとえば欧州のマーケットに並ぶフルーツは、日本の果物よりも小さいのです。なぜならポケットに入れて、つねに持ち歩けるようにしているから。もはやフルーツというより"食"なのです。大きなリンゴも作ろうと思えば作れるのですが、そうはしない。それがその国の文化であり、誇りだと私は思っています。

　そう考えると、日本の食文化とは単に日本で収穫される食材や伝統的な調味料だけで構成されるものではなく、嗜好やマナー、食習慣なども含まれることがおわかりになるでしょう。歴史や地理、気候、信仰、社会秩序といった、さまざまな要素が反映されているのです。

　当然ながら、地域性にも彩られていることでしょう。たくさんの島々で構成される日本は南北に長く、北には豪雪地帯があり、南には年間を通じて温暖な地域があります。気候や土地柄に応じて人々の生活様式は異なっており、各地が特色ある名産品を抱えているため、食文化は一様ではありません。そのことは、皆さんがお正月に召し上がるお雑煮からも明らかでしょう。この多様性も、日本の食文化が高く評価される理由ではないかと思います。

　ところが、残念なことに、私たちの大切な食文化が年を追うごとに失われつつあると、多くの方々が指摘しています。

門をくぐると"非日常"が広がる。重厚な石畳のアプローチはヨーロッパのオーベルジュを彷彿させる

CHAPTER 1-3
KINJI OGAWA

伝統的な食文化を見直すべき時代に

私が「食育」という言葉を世に発した頃、イタリアのカルロ・ペトリーニ氏が提唱するスローフードという考え方が日本に入ってきました。これには3つの柱があります。1つ目は「消えつつある味を大事にしましょう」、2つ目が「小規模生産者を大事にしましょう」。その裏には添加物の問題があります。今食品は大量生産が主流で、工業製品になりつつあります。かつては日本でもお豆腐屋さんやおみそ屋さんなど小規模ながら手作りをする店舗がありました。そうした店舗を大事にしましょうということです。そして3つ目が「食の教育をしましょう」、すなわち私が提唱していた「食育」です。スローフードはこの3つを守りましょうという考え方で、私の考え方とも一致していました。

私も政府に呼ばれて意見を求められましたが、こうした背景から2005年にできたのが食育基本法です。まさに食文化や味覚への意識革命が必要だと考えています。

とくに若い世代の方に顕著な傾向とされますが、日頃の食生活の影響もあり、最近は濃厚な味加減を好む方が増えてきました。和食にせよ洋食にせよ、目の前に料理が出されると、ためらいもなく片端から調味料を振りかけて召し上がる方が少なくないといわれます。

また、経済的な理由や多忙が原因なのかもしれませんが、なるべく手軽な食事で済ませようとする方が増えています。家庭でも、ひと昔前に比べて自炊の機会が減ったのではないでしょうか。

こうした傾向は、現代に生きる私たちが食生活に関して、あまりにも無頓着になってしまったことと無関係ではないでしょう。言うまでもなく、私たちの身体は食事によって形づくられます。にもかかわらず、伝統的な食文化をやせ衰えさせてきた私たちは、いつしか「食」と真剣に向き合うことの大切さを忘れて、経済効率や刹那的な満足感で食材を選ぶようになってしまったのではないでしょうか。

本来、慎重であるべき食生活が軽視され、食材の成分や栄養に気を留めなくなると、おのずと食事は脂質と糖質に行き着きます。結局のところ、人間の味覚は本能的に油と砂糖を「おいしい」と感じてしまうからです。

しかしながら、健康的な食生活を心がける意味でも、そろそろ従来の習慣を見直すべき時期なのではないでしょうか。それはまた、日本の伝統的な食文化を後世に伝えるうえでも大切なことでしょう。

東西の味覚の違いはどこから生じたのか

よく知られているように、関東のおだしが主にかつお節から取られるのに対して、関西のおだしは昆布が主流です。その違いにはさまざまな背景が考えられますが、嗜好の地域性も理由の1つでしょう。一般的に、関東では濃い味が好まれ、関西では薄い味が人々の好みに合うとされています。事実、全国に展開する飲食チェーンの中には、東西で味付けを微妙に変えているところもあるようです。

そうした嗜好の地域性は、もともと祭祀の在り方に由来するといわれます。

PROFILE
尾川 欣司（おがわ・きんじ）

1945年奈良県生まれ。1975年大和郡山市にレストラン「辨慶（現Le BENKEI）」を開業。皇族方をはじめ、国内外の要人が訪れるフランス料理の名店に育て上げた。また、食育やスローフードをテーマとした講演を多数行い、普及に貢献。2012年から6年間にわたり一般社団法人国際観光日本レストラン協会会長を務めた。2018年から名誉会長。2017年春、旭日中綬章を受章。

JAPAN TOURISM REVOLUTION
CREATING A HUGE GROWTH MARKET TOWARDS 2030

　古来、日本では神事を終えると、参列者がお神酒とお供物をいただく「直会（なおらい）」を行ってきました。いわゆる「打ち上げ」で儀式を締めくくっていたわけです。

　このとき、どういう理由からなのか、関東ではお供物の一部を口にするだけで、残りを折り詰めにして持ち帰ることになっていました。そうした事情から、お汁が少なく、濃い味付けの料理が好まれたのです。一方、関西では神前で食べ切るのが作法でした。それゆえに、お汁をたっぷりと含んだ薄味が定着したと考えられています。

　もちろん、東西の食文化には武家と公家の生活様式の影響もあったことでしょう。焼津（静岡県）で獲れたカツオが手に入りやすかった関東に対して、関西には北前船が北海道から良質の昆布を運んでくれたという地理的な事情も関係していると思われます。いずれにせよ、日本の食文化の核心とも言えるおだしは、歴史や地理に根差した独自の伝統といえるのです。

　その伝統は、和食だけに許された特権ではありません。実は、フレンチレストラン「ル・ベンケイ」でも、おだしは重要な役割を担ってきました。

大和野菜とだしによる
唯一無二の味わい

　「ル・ベンケイ」の前身であるレストラン「辨慶」がオープンしたのは、私が30歳の年でした。その私も傘寿を迎え、お客様の中にも世代を超えてひいきにしてくださる方が見受けられるようになりました。

　そうしたお客様の多くが、私どもの野菜を褒めてくださいます。オーナーシェフに対するやさしい心遣いなのかもしれませんが、それを差し引いて考えても、ほっと安心する味だと評価してくださるお客様が多いのは、私どもの野菜におだしの存在を感じてくださるからでしょう。通常、フランス料理に日本のおだしの出番はありませんが、私どもでは状況に応じて、野菜をおだしにくぐらせることがあります。"くぐらせる"というひと手間が「ル・ベンケイ」の味を特徴づけているのです。

　加えて、私どもでは地元の農家から仕入れた大和野菜を提供しています。昔から「四里四方に病なし」といわれるように、日本では地元の食材を口にしていれば健康を維持できると考えられてきました。四里（約16km）四方とは、おおよそ日常的な生活圏内という意味でしょう。先人は、経験則から「地産地消」の合理性を理解していたのです。

　そして、私自身も店舗に近い畑で無農薬野菜を栽培して、お客様に提供しています。100坪にも満たない小さな畑ですが、キュウリやジャガイモ、ネギ、タマネギ、レタス、ホウレンソウ、ハーブなど、私一人でもどうにか手入れが行き届く限りの野菜を育ててきました。

　厨房に立つ私自身が栽培していれ

店舗すぐそばの尾川氏の畑。自ら育てた野菜は食べ頃にあわせて収穫して料理に生かされる

CHAPTER 1-3
KINJI OGAWA

天井高6mの開放的で優雅なバンケットホール。1905年製のスタインウェイピアノが常設されている

ば、野菜の食べ頃を瞬間的に捉えて収穫し、お客様に召し上がっていただくことができます。そうして自然な状態で最適な収穫期を迎えることを「樹上完熟」と言います。もっとも、世の中には私に先んじて樹上完熟を察知する賢い鳥もいるようで、悔しい思いをさせられることも少なくありません。

下味におだしを使ったフランス料理はまれだと思いますが、そうしたアイデアが生まれたのは、私自身、和食にルーツを持っているからでしょう。私が生まれ育った家は、大和郡山市（奈良県）で代々、料亭を営んでいます。幼い頃の遊び場は板場で、いつも昆布やシイタケの香りがただよい、トントンと心地よい包丁のリズムが聞こえていました。遊んでいて小腹がすくと、板前さんがこっそり分けてくれるイセエビの脚をおやつにしていたのですから、なんともぜいたくな環境でした。

幸い、兄が家業の4代目を継いでくれることになっていたため、気楽な私は学校を出るとフランス料理の道を志しました。当時、本格的なフレンチレストランは奈良県内にもほとんどなかったからです。奈良県として大切なお客様をお迎えする店があってしかるべきだと思い至ったのでした。"非日常"を感じていただくことがおもてなしにつながると考え、敷地内や店内にさまざまな工夫をしています。

また、長い間、ささやかれていた「大和にうまいものなし」という評判を覆すことも、私の目標でした。地元の食材をふんだんに使ったフランス料理が評価されれば、奈良県に対する印象も少しは変わるのではないかと考えたのです。しかしながら、オープンから数年の間は厳しい経営が続きました。

半世紀守り続けた本格フレンチの味

お客様が少ないと厨房にいても手持ち無沙汰で、そういう日には不安を紛らわすためにも敷地内の草むしりに励みました。店舗前の道路を自動車が通るたび、お客様でありますようにと心に念じたものです。そうした祈りが天に通じたというわけではないのでしょうが、やがて少しずつ評判が広がって、お客様の数も増えていきました。

口コミで評判が広まったのは、経営が苦しい中でも、本格的なフランス料理の味を変えなかったからでしょう。仮に、お客様が求める味はほかにあるのではないかと考えて軸足がぶれていたら、現在の「ル・ベンケイ」はなかったに違いありません。もちろん、社会の変化に適応する柔軟さは大切です。しかし、世間のニーズを追いかけて変化に振り回されるようでは本末転倒でしょう。喜ばしいことに、近頃では「大和にうまいものなし」という言葉も聞かなくなりました。2000年には全館リニューアルし、結婚式を挙げることができるチャペルも完成。"幸せな場所づくり"に弾みがつきました。

ちなみに、店名は豊臣秀長にもゆかりの深い郡山城の桜御門脇に残る「弁慶定形石」に由来します。鎌倉時代、平泉へ落ち延びる義経主従がこの辺りを通ったとき、武蔵坊弁慶の足跡が刻まれたと伝わる奇石にあやかって名付けました。

長い歴史を持つ日本には、そうした伝承や言い伝えがたくさん残されています。同様に、知られざる魅力的な食材も少なくないはずです。日本の食文化を盛り上げるためにも、地元の歴史や食材を再発見していただきたいと思います。

JAPAN TOURISM REVOLUTION
CREATING A HUGE GROWTH MARKET TOWARDS 2030

Chapter 1-4

本業のお菓子を強みに付加価値型の施設を造る

　シャトレーゼは2024年に創業70周年を迎えました。山梨の甲府でたった4坪の小さな店から始めた菓子の製造小売事業は、今では国内外1000店舗以上を展開しています。また、山梨県内の2つのワイナリーで醸造したワインも販売。リゾート事業では、ホテルやゴルフ場、スキー場など40以上の施設を運営。いずれも経営難に陥った施設を買い取って再建したもので、その多くで黒字化を達成しています。成功の秘訣はシャトレーゼが持つ強みを加えたことです。

　リゾート事業を手がけるようになったのは2000年のことです。フランチャイズ展開が拡大して売り上げが500億円に達したことを区切りに、私は経営の第一線から離れました。よくも悪くもワンマンでやっていましたから、そろそろ次世代を育てなければならないと思ったのです。しかし、現場にいるとつい口を出してしまう。そこで社長代行を指名して事業を任せ、北海道に向かいました。

　なぜ、北海道なのかというと、経営破綻した北海道栗山町のゴルフ場を再建する話があったからです。私は23歳の時にゴルフを始めました。創業当初に販売していたのは「甘太郎」という今川焼きのような熱々の焼き菓子。夏はあまり売れないので、余暇をどう過ごそうかと考えてゴルフに興味を持ったんです。すぐに夢中になったけれど事業に専念するために30歳の年に封印しました。60歳を過ぎてその封印を解き、再び楽しむようになった頃は、バブル崩壊の影響でゴルフ場の破綻が相ついでいたのです。

　「好きなゴルフをしながら仕事ができるなんて最高じゃないか」

　そう思って見に行ったゴルフ場は、雄大な石狩平野を見渡す小高い丘に広がっていて、ホテルやレストラン、温泉など施設もしっかりしていました。ただ、周囲にもゴルフ場が点在しているため競争が激しく、お客様の足が遠のいてしまったのです。

　そこで私は敷地内にシャトレーゼの直営店を造り、ゴルフをしない方も買いに来られるようにしました。さらに、

CHAPTER 1-4
HIROSHI SAITO

スイーツの付加価値で各地のリゾート施設を再生

「おいしくて安い」仕組みが
ホテルやゴルフ場でも喜ばれる

1954年に創業し、今や国内外1000店舗を超え、菓子の製造小売業として日本最大規模を誇るシャトレーゼ。
本業だけでなく、ホテルやゴルフ場の買収・再建を次々に手がけ、
ワイナリー業界でも国際コンクールで受賞するなど大きな成果を収めている。
「おいしくて安い」お菓子の提供によって「お客様に喜ばれる経営」を実現した
創業者・齊藤寛氏の手腕は、リゾート事業の再生にも生かされている。

Photo: Hideki Ookura　Text: Aki Nakagawa

齊藤 寛

株式会社シャトレーゼホールディングス、株式会社シャトレーゼ 代表取締役会長

レストランにデザートとサラダの無料バイキングを設け、コース内の売店には無料のアイスクリームコーナーを設置。本業のお菓子を強みに、ほかにはないゴルフ場にしたのです。

すると、開業と同時に店舗はにぎわい、ゴルフご利用のお客様も増加。年配の男性などは自分で買わないだけで実は甘い物が好きな方も多く、無料サービスをとても喜んでくださった。こうして北海道に始まり数々のゴルフ場を同様の手法で立て直してきました。

利他の心で尽くせば
いずれ自分のためになる

ゴルフ場での成功は、やがてホテル

の再建事業へと発展しました。評判を聞きつけた関係者から、廃業していた札幌市郊外のホテル再建の相談を受けたのです。現地を訪れると、3万坪の敷地にプールやチャペル、1500人規模のホールなどを備えた豪華なホテルが建っていました。これもまたバブル崩壊で経営が立ち行かなくなってしまったんですね。

すばらしいホテルなのにもったいない、と思って再建に着手。2002年に「シャトレーゼ ガトーキングダム札幌」としてオープンしました。「お菓子の王国」をコンセプトにキッズスペースが充実した内装で、バイキングレストランはアイスやケーキのメニューが豊富に並び、バウムクーヘンの工房も併設しています。

もちろん、北海道に来るまでゴルフ場もホテルも経営したことはありません。それでもお客様の支持を得られたのは、シャトレーゼの経営の考え方にあると思っています。

創業の頃から私が一貫して心がけてきたのが「喜ばれる経営」です。1967年に社名を「シャトレーゼ」に変更した際には、「お客様に喜ばれる経営」「お取引先様に喜ばれる経営」「社員に喜ばれる経営」という「三喜経営」を社是に制定しています。

これは私の両親が身をもって教えてくれたことが、原点と言えるでしょう。山梨県でブドウの栽培とワイン醸造を手がけていた父は、地元のブドウ栽培の組合長を務め、近隣の農家に栽培指導を行っていました。教師だった

special issue No.14 THINK! | 41

JAPAN TOURISM REVOLUTION

CREATING A HUGE GROWTH
MARKET TOWARDS 2030

母も面倒見のよい人で家に来る教え子や近所の人、父の友人を温かくもてなしていました。ところが、父は戦後まもなく事業拡大に失敗して借金を抱えてしまった。そんなときに助けてくれたのが友人や近所の人たちでした。人のために尽くしてきたからこそ、手を差し伸べてもらえたのだと思います。

利他の心で周りの人たちのために尽くせば、巡り巡って自分のためになる。だから再建に着手したときもまずお客様、お取引先様、そして社員が喜ぶために何をすべきかを考えました。その答えが、本業であるお菓子と結び付けることだったのです。

200人の"社長"が
自発的に事業を運営

しかし、すべてが順調だったわけではありません。実は私が北海道にいた数年の間に、年間500億円あった本業の売り上げが400億円に落ち込んでしまったのです。やむをえず社長代行を解任して新しい責任者を立てたものの、売り上げを戻すことはできない。そもそも2人とも優秀だからこそ抜擢したわけですし、彼らも奇をてらうことなく、私のやり方を踏襲したと言いました。

それなのにうまくいかないのはなぜか。そう考えたときに頭に浮かんだのがゴルフ場の経営です。その頃はすでに複数のゴルフ場を運営していましたが、どれもシャトレーゼ本体の社員を支配人に据えていました。三喜経

営を理解している人間でなければお客様が求めていることに気づけないからです。支配人たちはゴルフに関しては素人でしたが、全体に目を配りながら、お客様のお迎えに立ち、レストランが混み合えば自らサポートに入る。迷ったときは私に相談しながらも、自分で判断して順調に業績を伸ばしていました。

ゴルフ場はうまくいくのに本体が駄目な理由……それは経営規模の違いにあったのです。売り上げ500億円の事業をいきなり任されても、全体を把握して判断することなんてすぐできるものではないんですね。

しかし、後継する人材は育成していかねばなりません。そこで私は、商品の製造ラインや事業ごとに"社長"を置き、それが自分の家業だと思って"経営"するように指示しました。ゴルフ場と同じような規模で捉えればできるだろうと考えたのです。

これが見事に機能し、本業を立て直すことに成功。「プレジデント制」と名付けたこの体制の下、現在は菓子事業、リゾート事業あわせて約200人のプレジデントがいます。彼らは会社の方針に従って自ら事業計画を立てて実行に移します。

目標を達成したプレジデントには報奨が出るし、結果を出し続ければ幹部候補となるので皆精力的です。たとえば、シャトレーゼの店舗には基本的に400種類のお菓子が並び、そのうち200種類が毎年入れ替わります。これが可能なのも各商品部門がヒット商品を作ろうと競うようにアイデアを

出すからです。また、家業だと思うと経費1つにしても意識が変わり、電気や水道などの節約も率先して行うようになります。プレジデント制は社員の主体性を育む仕組みとして定着しています。

ピンチをきっかけに
流通改革を起こす

その後も再建の相談は相次ぎ、リゾート事業は拡大しました。ただ、これまで自ら買収に動いたものはありません。「われわれが力になれるのならば」と、相談を受けた中で条件の合う施設を手がけています。なかでも11カ所あるホテルは半数以上が2020年以降にリニューアルした施設です。コロナ禍で経営が難しくなってしまったことが大きな原因です。当然、コロナ禍のさなかは私たちの既存ホテルも宿泊数が落ち込みました。しかし、巣ごもり需要で、併設するシャトレーゼの店舗を訪れるお客様が増えて売り上げをカバーすることができたのは幸いでした。

とくに、2021年7月にリニューアルオープンした山梨県石和温泉の「シャトレーゼホテル 旅館 富士野屋」は注目を浴びました。メインエントランスの広い空間がもったいないと思い、改装して「YATSUDOKI TERRACE（ヤツドキテラス）」という複合施設をオープンしたのです。「YATSUDOKI」はシャトレーゼのプレミアムブランドで、八ヶ岳地域の牛乳や卵を使ったちょっと特

石和温泉の旅館 富士野屋に併設した「YATSUDOKI TERRACE」は宿泊客のほか地元客にも愛されている
@株式会社シャトレーゼホールディングス

別感のあるお菓子を販売しています。テラスにはYATSUDOKIの店舗とカフェ、屋上庭園があり、スイーツやワインを楽しめます。さらに、ホテル内の鉄板焼きのレストランを宿泊以外のお客様にもご利用いただけるようにしたことで地元の方も来てくださるようになりました。宿泊が少なくても、店舗が稼働していれば従業員の働く場も生まれます。

2024年秋には広島県呉市の「シャトレーゼ ガトーキングダム せとうち」もグランドオープンします。元は呉市が運営していた施設で敷地はなんと100万坪。カフェや見学できるスイーツ工場を増築中で、瀬戸内名物のレモンを使ったスイーツを提供する予定です。北海道なら地元産の発酵バターを使うなど、ご当地ならではの商品を展開することでより行きたくなるはずです。

シャトレーゼのお菓子は「おいしくて安い」を大切にしています。それを実現できるのは、地元の契約農家や農場から新鮮な原材料を直接仕入れ、そのエリアにある自社工場でお菓子を作って各店舗へ直送する「ファームファクトリー」というシステムを導入しているから。問屋を通さないこの仕組みは、1984年に起こったピンチがきっかけです。

当時のシャトレーゼは製造した商品をスーパーなどに卸す年商50億円規模の菓子メーカーでした。ところが、事業拡大に向けて現在の本社工場を建設していたときに、それまでの主力工場が火災で全焼。さらには営業を担当していた弟が急逝してしまった。火災の損失を抱えたうえ、弟に任せていた卸先からは取引を縮小されたり、不当な値引きを要求されたりしました。しかし、それを受け入れたら商品の質を落とすことになる。そう危惧した私は工場の近くにプレハブの店舗を造って直売を始めたのです。問屋を通さないぶん小売価格より数割安い卸価格で販売できます。これで人気に火がついて手ごたえを感じ、他のエリアでも工場と直売店を展開しました。フランチャイズも拡大して、約15年で10倍の売り上げを達成できたのです。

「おいしくて安い」をお届けする仕組みはこうして確立。今ではホテルの

JAPAN TOURISM REVOLUTION
CREATING A HUGE GROWTH
MARKET TOWARDS 2030

レストランもこのビジネスモデルで生産者から直接仕入れています。

リーズナブルな宿泊と体感ツアーでファンを増やす

「おいしくて安い」への思いはリゾート業でも同じです。施設ではウェルカムスイーツや風呂上がりのアイスサービスなどもあり、宿泊や利用料金はなるべく抑えている。なぜなら幅広いお客様にご利用いただきたいからです。

顧客ターゲットを広げたことも黒字化に成功した理由の1つです。シャトレーゼが取得したホテルは、その多くがご年配の方や男性グループが主要客の公共の宿、温泉宿でしたが、お菓子を付け、リーズナブルにすることでお子様のいるファミリー層が増加しました。

近年は物価が上昇し、インバウンドの増加もあって全国的に宿泊費が上がっています。だからといって同じことをしていては意味がない。お客様に喜んでいただくためにも、私たちはいい設備でおいしいものと温かいサービスをリーズナブルな価格で提供する。そうやって多くの方に来ていただき、シャトレーゼのファンを増やしたいのです。

シャトレーゼでは2022年より「シャトレーゼ体感ツアー」も実施しています。「Cashipo（カシポ）」の会員様限定で、日帰りまたは1泊2日で山梨の工場や農場の見学、自社ワイナリーでのワインのテイスティング、お菓子作りなどが楽しめるツアーです。もちろん、宿泊はシャトレーゼのホテルへ。すぐに予約でいっぱいになる人気企画となっています。

カシポは無料で登録できるシャトレーゼの会員制度で、現在900万人以上のお客様が登録。店舗やオンラインショップで買い物をしていただくと100円につき1ポイントが付与されるポイントサービスがあり、たまったポイントは商品購入時に1ポイント＝1円でご利用いただくか、特典と交換できるのが特徴です。たとえば、シャトレーゼ系列のホテル1泊2日ペア宿泊券やゴルフ場1組4名様セルフプレー券が1000ポイントで交換できます。

実質1000円で宿泊やゴルフを楽しめるのですから赤字ではないかと思うかもしれません。しかし、特典も体感ツアーもシャトレーゼのファンになっていただくためのもの。旅行やレジャーを通しておいしいお菓子を堪能したり、製造現場を見たりすることでお菓子作りへのこだわりや情熱をより深く知ってもらう。そうやって、シャトレーゼのファンを増やすことは、菓子業界のためにもなると思っています。

日本では、お菓子はおやつの時間に食べる特別なものであり、欧米のような日常的に食後にデザートを食べる習慣があまりありません。でも、食後のデザートは満足感を高めるし、お菓子を食べながら家族や友人とゆっくり過ごす時間はとても大切。だから、シャトレーゼのリゾートや体感ツアーでお菓子のある一日を満喫し、その習慣を持ち帰っていただくことで、日本にデザートを楽しむ文化を根付かせたい。そうやってたくさんの方が幸せになり、菓子業界も活性化させることが、われわれが世の中に貢献できることなのだと信じています。●

齊藤寛氏は、2024年8月10日にご逝去されました。謹んでお悔やみ申し上げます。本インタビューは2024年6月に行われたものです。ご遺族とシャトレーゼホールディングスの許可の下、掲載しています。

PROFILE
齊藤 寛（さいとう・ひろし）

1934年、山梨県生まれ。1954年、20歳のときに焼き菓子店「甘太郎」を創業。5年後、有限会社甘太郎を設立し、代表取締役に就任。1964年に大和アイスを設立しアイスクリーム業界に参入。1967年、2社を統合し、株式会社シャトレーゼに社名変更。2008年、代表取締役会長に就任。2010年、シャトレーゼをはじめ、ワイナリー事業、リゾート事業、ゴルフ事業などを統括して株式会社シャトレーゼホールディングスに商号変更し、代表取締役社長に就任。2018年から代表取締役会長。株式会社シャトレーゼの代表取締役会長も兼任した。

Column

世界的美食家が「食と観光」の現在を解き明かす
地方レストランが秘める大きなポテンシャル

「OAD Top Restaurants」レビュアーランキングで6年連続世界1位を獲得。世界的なフーディーとして知られるのが、浜田岳文氏だ。イェール大学から金融機関を経て、南極から北朝鮮まで、128カ国・地域を食べ歩き、まさに世界一の美食家に。初の著書『美食の教養　世界一の美食家が知っていること』（ダイヤモンド社）も話題となった浜田氏は、日本の食と観光業との関わりについて、その可能性をどう見ているか。

Photo: Shinya Nishizaki　Text: Toru Uesaka

浜田 岳文
株式会社アクセス・オール・エリア
代表取締役

Takefumi Hamada

「食を観光の起爆剤に」が世界のトレンド

浜田氏は昨年は海外に5カ月、地方都市に4カ月、東京に3カ月滞在した1年だったという。ほぼ毎日、昼と夜、外食の予定が入る。

「食べることそのものでお金を直接もらうわけではないので、趣味と言えば趣味なんですが、僕にとっては、食は重要なライフワークであり、自分の中でもミッションのようなものなんです。好奇心を満たすための1つのプロジェクトと言えるかもしれません」

もともと理屈好きだという浜田氏。単なる自分の好みではなく、客観的、論理的に料理やレストランを分析していくのが浜田氏の真骨頂であり、美食を求めて世界中を食べ歩く「フーディー」たちから支持されている理由だ。そして観光としての食についても、冷静に見つめてきた。

「食を観光に利用する流れは、世界的に高まってきています。わかりやすい例では、世界のベストレストラン50というアワードの毎年の開催地の決定について、今や誘致合戦が行われていることが挙げられます」

2024年の開催地となったのは、ラスベガス。世界から、多くのフーディーたちが集まったという。

「フーディーだけでなく、食の関係者やジャーナリスト

Column

たちが、自分たちの街に集まってくるんです。するとどうなるのかというと、その街のレストランで食事をしたりするわけです」

そうすれば、その地のレストランを知ってもらうことにつながり、アワードにおいても投票を得られる確率を高められる。実際、開催地のレストランが開催翌年度にランクアップするきっかけになるのだという。

「オリンピックと同じです。観光も含めた、大きな波及効果がある。だから、ラスベガスの開催も、カジノのオペレーターが全面的にバックアップしていました」

アジアで開催されるアジアベストレストラン50においても同じだという。2024年の開催地に選ばれたのは、ソウル。

「授賞式では、ソウル市長があいさつをしていました。そのくらい大事なものだと認識しているんです」

もちろん韓国政府もバックアップ。アワードのタイミングに合わせ、韓国政府主催の韓国産の「韓牛」をアピールするワークショップなども行われていた。

「韓国は音楽で成功したので、次は食で国のイメージアップを図ろうとしていますね。実際に今、ニューヨークではコリアン料理が大ブームになっています。国家戦略として食をテコにした観光誘致を行う、また広い意味でのブランディングを行う。これは今、世界の中で1つのトレンドになってきています」

この10年ほどで、食を武器にイメージを大きく上げたのが、南米、なかでもペルーだ。

「2023年の世界のベストレストラン50で1位になったのは、ペルーの『セントラル』でした。実はもともと食材は豊か。トマトの発祥はペルー北部だと言われていますし、原産のイモは4000種類以上。ペルーの食材がなかったら、世界の料理は困ると言われるほどです」

こうしたムーブメントを引き起こすきっかけになったのが、1994年にリマに生まれたレストラン「アストリッド・イ・ガストン」だった。現代のペルー料理を確立したシェフのガストン・アクリオ氏は、アンバサダー的な役割でペルー料理を世界に発信するようになった。自分たちの食文化をアピールするのに成功すると、ペルーに食を目当てに訪れる人が増えた。もともとマチュピチュなどの観光資源があったが、今や明らかに食を目的とする観光客が増えているという。

「首都のリマはかつて、マチュピチュ観光の通過点でした。ところが、何泊もして食を楽しむ観光客が増えている。国のソフトパワーの拡充につながっています」

レストランの数と多様性で「進化する」日本にフーディーたちが注目

では、日本の食は世界からどう見られているのか。浜田氏はこう断言する。

「外食、ファインダイニングという意味で言えば、世界でもっとも進化しているマーケットの1つだと言えると思います。まず単純に数が多い。東京のレストランの数は、パリの3倍から4倍ある。おいしい店も3倍から4倍あってもおかしくないということです」

実はパリはレストランの参入障壁がきわめて高い。建物を壊したりして用途変更をするのが簡単ではない。ほとんどの場合、既存のレストランの営業権を買い取るしかなく、そのためには巨額の費用がかかる。日本のように開業するのは難しいという。

「日本は参入障壁が低いので、お店がどんどん増えていく。つまり競争が激しくなることを意味します。数も多いし、競争が激しい。だから市場が充実するんです」

実際、世界中のフーディーが日本の食を高く評価している。コロナ禍で国の移動に制限がかかった頃、日本にいた外国人フーディーも少なくなかったそうだ。

「その国でしか動けないのであれば、日本が一番おいしいものが食べられるから、と。コロナ禍が明けた今も、行きたい国を聞くと日本です。イベントなどきっかけがあれば教えてくれ、とよく言われます」

日本の食は今や世界に影響を与えている。フランス料理に生魚が使われることになったのも、その1つ。だから、「日本で本物を確認したい」という声は大きいという。そして驚かれるのは、やはり魚介のすばらしさだ。

「スペインはヨーロッパの中でも、魚介のおいしさで知られ、確かにすばらしいんですが、日本に比べると魚種が少ない。実際、スペインから名店のシェフが日本にやって来たことがあって、スペインの魚介は負けないと言って

いましたが、魚種の多さには本当にびっくりしていました」
　すしが日本で成立するのは、魚種が多いからだ。しかも、鮮度の高さもポイント。漁師の処理法や流通の充実は日本ならではだという。

多様な食材と店の宝庫・地方都市の可能性

　そしてもう1つ、日本の食の大きな特色が多様性だ。日本列島の北と南では、まるで違う料理が楽しめる。観光としても大きな可能性が潜んでいると浜田氏は語る。
　「東京のレストランは日本中から食材を集められますから、どうしても似通ってくる。よくも悪くも、お店の個性が出しづらくなっているんです。その点、今面白いのは、地方都市のレストランです」
　個性的な食材があることもそうだが、東京のように食材を集められないことが、逆に強みの1つになる。
　「料理人の技術が求められてくるからです。どうやっておいしくするかが、問われてくる。また、よりよい食材にするための取り組みも生まれます。生産者が近いですから、食材の質を一緒に高めたり、新しい食材を開拓したりと、働きかけもできるんです」
　浜田氏のようなフーディーも認める店が続々、地方に生まれているという。だが、これらの店の存在を知っているのは、相当に食の経験値の高い人たちだけ。そこで浜田氏も加わって4年前に立ち上げたのが、ジャパンタイムズと連携しての「デスティネーション・レストラン・アワード」だった。食は日本ならではの観光資源だが、それが生かせているとは思えないと浜田氏。
　「個々のレストランは頑張っていますが、たとえば行政がうまくサポートできているかと言えば、正直あまりそれはない気がします」
　わざわざ東京や海外から食べにくる店の存在を、地元は知らなかったりするという。特定の店を応援しにくいという事情はあるかもしれないが、貴重な観光資源を知らないというのは、あまりにもったいない。
　「取り組みを進めようとしているところもあるんです。たとえば、新潟県。県がバックアップして協会をつくり、協

会主催で新潟ガストロノミーアワードを展開、県内のいいお店を表彰しています。農業も同じですが、すべての事業者を平等に応援しても何の意味もない。頑張っている人や、見習うべき事例を応援しないと、底上げにはつながらないんです」
　その点で、新潟の取り組みは注目に値するという。
　「あと課題は、地方のホテルが足りないこと。1食に数万円を払う人が泊まるグレードのホテルが少ない」
　宿泊施設を併設したオーベルジュと呼ばれるレストランも増えてきているが、まだ数は多くない。宿泊領域を充実させることができれば、食の観光資源はより生かせると語る。
　「この点でも、行政に協力できることがあるのではないでしょうか。応援する姿勢を見せるだけでも、動きは起きてくるのでは、と感じています」
　食という大きなポテンシャルを生かすことができれば、日本の観光の可能性はさらに大きなものになるのだ。

PROFILE
浜田 岳文（はまだ・たけふみ）

1974年兵庫県宝塚市生まれ。米国・イェール大学卒業（政治学専攻）。大学在学中、ニューヨークを中心に食べ歩きを開始。卒業後、本格的に美食を追求するためフランス・パリに留学。外資系投資銀行と投資ファンドにてM&A・資金調達業務等に約10年間携わった後、約2年間の世界一周の旅へ。帰国後、資産管理会社社長を経て株式会社アクセス・オール・エリアを設立。世界のさまざまなジャンルのトップシェフと交流を持ち、インターネットや雑誌など国内外のメディアで食や旅に関する情報を発信中。

Column

粋を感じる「日本食文化」をYouTube配信

食もおもてなしも「当たり前」こそ日本の美徳だ

日本在住のフランス人、オレリアン・プダ氏が日本の文化を体験する
「Bebechan — 日本のフランス人」は登録者数72万人超のYouTubeチャンネル。
とくに、コンビニ菓子の食べ比べから高級店の逸品まで、日本の食に驚き、
おいしそうに食べる動画は評価が高く、100万回視聴を超えるものも少なくない。
美食大国フランス出身のインフルエンサーが絶賛する日本の食の魅力とは。

Photo: Shinya Nishizaki　Text: Aki Nakagawa

Aurelien Poudat

オレリアン・プダ
フランス人インフルエンサー

フランス人の目線で日本文化を発信する

　日本とフランスの懸け橋になりたい——。フランスのニースで生まれ育ったオレリアン・プダ氏がYouTubeチャンネル「Bebechan — 日本のフランス人」を開設したのは2018年のことだ。
　「日本で暮らし、さまざまな人と話していると、日本の人たちは自国のすばらしさに気づいていない、あるいは忘れてしまっているのではないか、と感じることがよくあります。そこで、日本に住むフランス人の目線で日本の文化の魅力を伝えようと思ったんです」
　動画を作るに当たって心がけているのは「キャラクターをつくらず、うそのない、感じたままを伝える」こと。日本の名所や音楽、習慣などさまざまなテーマを取り上げる中で、とくに反響が大きいのが食に関する動画だ。たとえば、はじめて「卵かけごはん」を食べたときの動画の視聴回数は99万回。実は、生の卵こそプダ氏が来日して最初に驚いた日本の食文化だったという。
　幼い頃からアニメやゲームといった日本のポップカルチャーが好きで、「いつか日本に関わる仕事がしたい」と夢見ていた。やがて邦楽のビジュアル系バンドを結成した

プダ氏に転機が訪れたのは25歳のときだった。YouTubeで発信した自作の曲が関係者の目に留まり、日本のアイドルグループ「ハロー！プロジェクト」の楽曲制作を依頼されたという。

「その楽曲がなんとオリコン1位を獲得。手ごたえを感じた僕は、今こそ憧れの日本に行く時だと決心しました。飛行機から降りて最初に感じたのはしょうゆの匂い。ああ、本当に日本に来たんだと実感しましたね」

その日は空港近くのホテルに宿泊。そして翌日にホテルで朝食を取ろうとしたとき、ご飯やみそ汁と一緒に生卵が出てきたという。「フランスでは生卵を食べる習慣がありません。だからゆで卵と間違えて出してしまったのかな、と思って手を付けませんでした」。フランスに限らず、生卵を食べない国は多い。食中毒の原因であるサルモネラ菌が付着していることが大きな理由だ。しかし、衛生管理が徹底している日本の鶏卵はサルモネラ菌の汚染率がきわめて低く、当然のように生で食されている。この光景に驚く外国人がとても多いそうだが、近年はその味わいや安全性を好む外国人も増え、アジアを中心に鶏卵の輸出量が増えている。

「外国人観光客は日本の生食文化に興味津々です。卵と同じように魚介も生で食べることは少ないですから。フランスでレストランを経営していた両親も来日してはじめてすしや刺し身を食べましたが、素材を生かした新鮮な味に『まるで異世界に来たようだ』と絶賛していました」

プダ氏は、日本の伝統を感じられることが和食の魅力だと語る。故郷フランスの料理は、各国の外交儀礼時の正餐にも採用される世界三大料理の1つだ。しかし、今では古来の伝統にのっとった料理は主に格式の高い場で供されることがほとんどで、世界的な有名店を筆頭にフランスの街中にあるレストランの多くは、進化を重ねたモダンな料理を供しているという。

「フランスで50年前と同じ料理を食べようとすると店を探すのが大変だけれど、日本には昔からの味を守る店がたくさんあります。すしやそばなんて見た目もほとんど変わっていないんじゃないですか。もちろん、進化することも大切だとは思うけれど、伝統を守り続ける店に日本の粋を感じることは多いですね」

帰国してわかった日本のホスピタリティ

その反面で、日本のアレンジ力も外国人をうならせている。たとえば、日本を旅した観光客のSNSで「一番の衝撃だった」「また食べに行きたい」と話題なのが「たまごサンド」だという。サンドイッチは海外でこそ非常にポピュラーな食べ物のように思われるが……。

「具がゆで卵とマヨネーズだけというサンドイッチが欧米では珍しいんです。シンプルなのに濃厚でクリーミー。何より食パンの柔らかくもっちりとした食感に感動する外国人がとても多いんですよ」

食パンは日本発祥のパンで、一説ではイギリスパンと呼ばれる山型のパンが発展したものだと言われている。「フランスにもパン・ド・ミという似たパンがありますが、食パンのようにしっとりはしていません」とプダ氏。そのため、パリでは日本の食パンやサンドイッチを扱う店が好評を博しているそうだ。

「日本のパンやケーキは種類が豊富だし、とても独創的です。日本のパン屋さんに行くと日替わりで違うパンが並んでいたりして楽しい。そのクリエーティビティはフランスよりすごいと感じることも少なくありません」

料理も同様で、オムライスはフランスのオムレツがルーツだし、カレーライスやラーメンも今では日本を代表する料理だ。朝鮮半島から伝わった焼き肉においても、みんなで鉄板を囲み、自分で焼きながら食べるスタイルは日本で生まれたものだといわれている。

「家族や友達と輪になってわいわいと肉を焼く時間は心まで温かくなります。海外の料理を柔軟に受け入れ、独自に発展させてきたことも日本の食文化の1つであり、外国人には新鮮に映る。それに、さっきのパン同様に流行や異文化を取り入れて商品を開発するまでのスピードがとても速い。とくにコンビニのお菓子や料理は、いつ行っても新しい商品が出ているので驚かされます」

日本のコンビニ文化は、2021年の東京五輪開催時に来日した選手や記者が絶賛したことで世界的に注目を浴びた。多くが24時間営業で、食品だけでなく文具や洗面用具、下着までそろい、コピー機やATMもある。今や

Column

外国人観光客の観光スポットになっているほどだ。

「僕の両親は、コンビニの利便性はもちろんのこと、店員さんのホスピタリティにも驚いていました。お弁当やおかずは温めてくれるし、わからないことを聞くと親切に対応してくれる。ほかの飲食店でも入れば『いらっしゃいませ』と笑顔で迎えてくれて、日本のおもてなしは噂どおりすばらしいと話しています。僕自身、フランスに一時帰国した際、レストランで水もおしぼりも出てこないことにショックを受けました。日本に住むようになり当たり前になってしまっていたことが、実は日本の美徳であることに改めて気づいたんです」

異国の文化についての理解を深めることが大事

現在、YouTubeチャンネルの登録者のほとんどは日本人で、コメントも多数届くという。

「皆さん、『日本を好きになってくれてうれしい』とか『日本人でも知らないことを教えてくれてありがとう』といった共感や感謝のコメントをくださいます。『それは違うよ』という指摘がくれば『そうなのか』と学びになるし、そこからコミュニケーションが生まれる。『日本人なのに日本が嫌だったけど、動画を見てちょっとだけ好きになれた』というコメントを読んだときはすごくうれしかった」

また、コメント欄には「事前にしっかり勉強していることがわかる」とか「歴史やフランスとの違いもわかりやすく説明してくれる」といった投稿も目立つ。プダ氏は、異国に住むのであれば、その国の文化を知り、理解しようと努めることが大切だと語る。

「時々、日本の建前の文化を批判する外国人がいます。僕も来日したばかりの頃は、日本人はなぜ気持ちを隠してうそを言うのだろうと不思議でした。でも、日本語を学ぶようになって、日本は場の空気を読むハイコンテクスト文化の国であると知った。そして、建前は人間関係を円滑にするためのすべであり、その人の優しさでもあるのだと気づいたんです。文化への理解を深めることは、その国の人に近づくことでもあると思う」

プダ氏にとって、神社仏閣も文化を学ぶ場所の1つだ。街中で寺社を見つけると立ち寄るし、寺院で掃除のボランティアに参加した際は、日本に根付く謙虚な心や感謝の気持ちを知ったという。もちろん、観光客が短期間の旅行で文化を学ぶことは難しい。だからもっと地方にも目を向けてはどうかとプダ氏は話す。

「先日、友人であるフランス人パティシエと群馬のイチゴ農園に行きました。そこで日本の果物のすばらしさと生産者の方の熱意を知ることができた。食べ物や行事など日本古来の文化は地方のほうが色濃く残っているように感じます。忍者体験やアニメの聖地巡りだけでなく、酒蔵に行くとか、祭りに参加するとか、外国人観光客が地元の人や文化と触れ合う場がもっと増えれば、日本の魅力がより深く伝わるのではないかと思っています」

2024年4月、そのパティシエと東京・代官山にカフェをオープンした。日本各地の果物を使ったフランス菓子・タルトが味わえる。両国をつなぐ新たな食の発信地であり、ここでも日本が秘める魅力を発掘している。

PROFILE
オレリアン・プダ（Aurelien Poudat）

東京在住のフランス人インフルエンサー。通称「べべちゃん」。1989年、南仏・ニースに生まれる。アニメやゲームを通して日本文化に興味を持つ。作曲の仕事をきっかけに27歳で来日し、2018年からYouTubeチャンネル「Bebechan — 日本のフランス人」をスタート。食べ物、恋愛、人生、仕事など、フランスと日本の文化の違いを動画やSNSで紹介、フランスと日本の懸け橋として、さまざまな情報を発信する。YouTubeのチャンネル登録者数約72万人、Instagramのフォロワーは約20万人（2024年11月末現在）。著書に『フランス人はボンジュールと言いません』（KADOKAWA）。

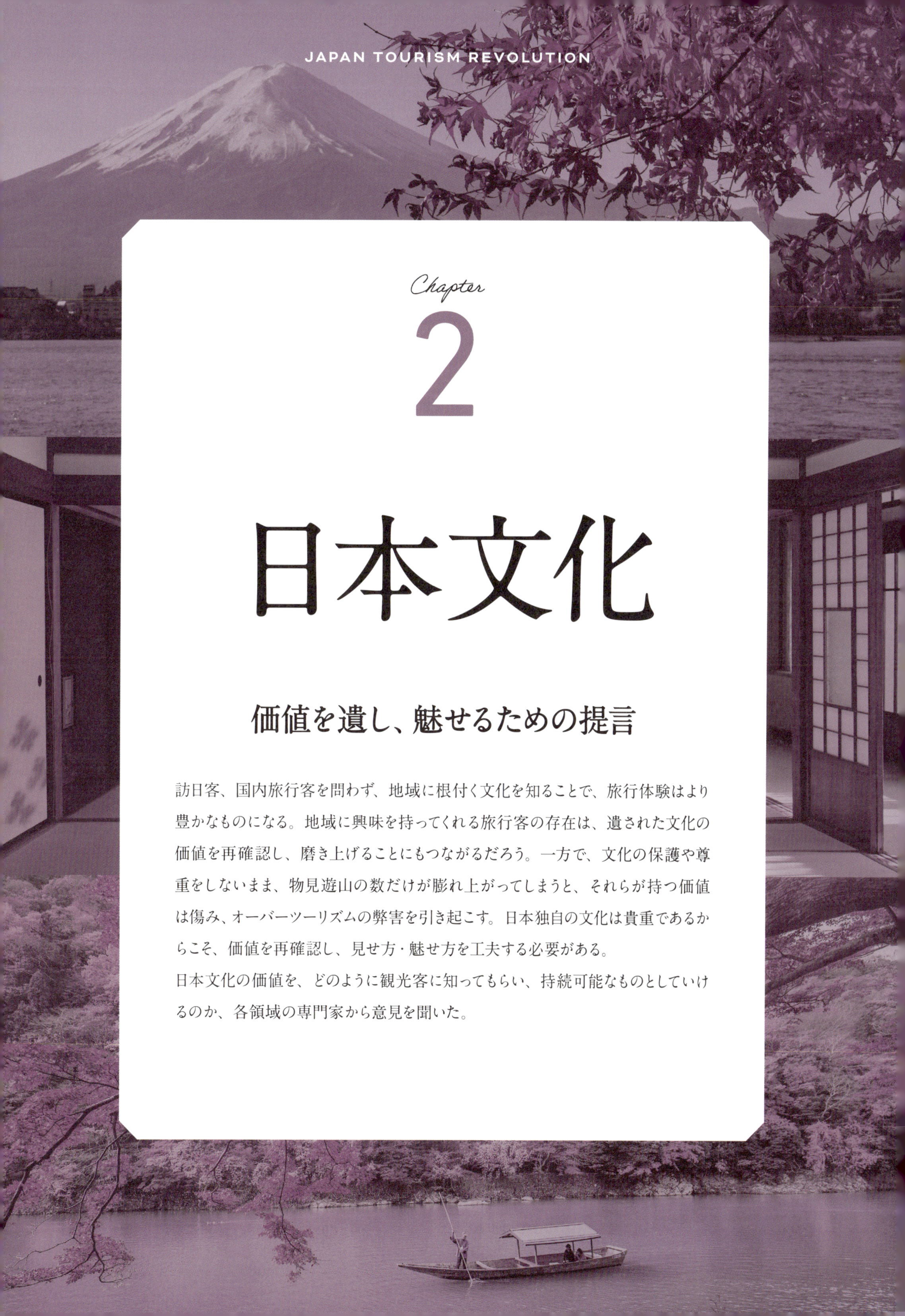

JAPAN TOURISM REVOLUTION

Chapter

2

日本文化

価値を遺し、魅せるための提言

訪日客、国内旅行客を問わず、地域に根付く文化を知ることで、旅行体験はより豊かなものになる。地域に興味を持ってくれる旅行客の存在は、遺された文化の価値を再確認し、磨き上げることにもつながるだろう。一方で、文化の保護や尊重をしないまま、物見遊山の数だけが膨れ上がってしまうと、それらが持つ価値は傷み、オーバーツーリズムの弊害を引き起こす。日本独自の文化は貴重であるからこそ、価値を再確認し、見せ方・魅せ方を工夫する必要がある。

日本文化の価値を、どのように観光客に知ってもらい、持続可能なものとしていけるのか、各領域の専門家から意見を聞いた。

「観光亡国」ではなく「観光立国」へ

「マネジメントとコントロール」が
日本の観光産業を救う

東洋文化研究者のアレックス・カー氏は、日本に生活の拠点を置いて半世紀以上になる。

長年にわたって日本各地を訪ねて回り、古民家の再生などさまざまなプロジェクトを牽引してきた。

カー氏の日本の文化に対するまなざしには、深い愛情がある。

だからこそ、日本を見る目は甘くない。この国が真の観光立国になるためには、今何が必要なのか。

私たちの誰もが知っておくべきことを、カー氏は正面から提言する。

Photo: Naoshige Narita　Text: Yuki Kondo

アレックス・カー

東洋文化研究家
京都先端科学大学 人文学部 教授

観光産業に無関心だった日本
意識変革の矢先にコロナ禍に

　日本の経済はバブル崩壊から現在までの約30年、停滞し続けてきました。自動車産業をはじめとする製造業が伸び悩み、IT産業も世界に大きく後れを取った。IMFの統計によると、1人当たりの名目GDPは、2000年には日本は世界第2位だったのが、2023年では、トップ20位に入らなくなりました。まさに「失われた30年」と呼ばれるとおり、日本は長く低迷し続けています。

　そうした中で、重要性が大きく増しているのが観光産業です。今や日本の観光GDP（＝観光によって生み出さ

れた付加価値額）は世界第4位（2019年）。海外からの観光客の数も、2010年には800万人台だったのが2018年には3000万人を超えるまでになりました。まさに観光産業は、低迷する日本を救う産業になったのです。

　しかし、日本の観光産業がこのままでよいかと言えば、まったくそうではありません。経済規模こそ拡大してはいるものの、産業としての成熟度を考えると、世界に比べて大きく後れを取っていると言わざるをえません。詳しくは追ってお話ししますが、多くの課題を抱えており、改善させるべき点が多々あります。

　なぜ遅れているのかと言えば、第一に、これまで長らく日本が観光産業を重視してこなかったということが

あります。戦後の日本には「ものづくり大国」であるという自負があり、観光産業は貧しい国の産業だから自分たちが力を入れる必要はない、という意識があった。どこか観光産業を下に見ていた。

　そのような意識が変化してきたのは、不況がいよいよ長引き始めた2000年代に入ってからです。2003年、当時の小泉純一郎首相は「観光立国」を宣言して、外国人旅行者を倍増させるという方針を打ち出しました。そして2008年には観光庁が設置され、そのほかにも官民の両方でさまざまな策が取られてきた。その結果、宣言から10年が経った2013年に、外国人旅行者の数は1000万人を超え、その後2019年まで、急激に増加したのでした。

　そうした中で、課題も徐々に可視化されるようになり、解決に向けた取り組みも動き始めました。しかし2020年、コロナ禍が世界を覆うと、観光産業を取りまく環境は日本でも一変しました。観光客は姿を消し、そのショックによって、課題解決に向けた取り組みもほとんどすべて止まってしまった。業界の誰もが、生き延びていくことに必死にならざるをえなかったのでしょう。そうして苦しい3年間を経たものの、2023年にコロナ禍が落ち着くと、幸いインバウンドの数は一気に回復に向かい、2024年には、2019年の規模まで戻ってきました。ただ、課題はそのままです。それをいよいよ今から何とかしなければいけない——。これが現在の日本の観光産業を取り巻く状況だと言えます。

制限しなければ
自然も名所旧跡も破壊へ

　ではいったい、日本の観光産業にはどんな課題があるのでしょうか。それを一言で言えば、「マネジメントとコントロールを適切に行うこと」ができていないということに尽きると私は考えています。

　今、世界中の観光地や人気都市で、「オーバーツーリズム」が大きな問題となっています。それは、観光客が増えすぎることで、その土地の環境や地元の住民、そして観光客自身が負の影響を受ける状態のことですが、日本も今、京都や東京といった都市をはじめ、各地でこの問題が深刻化しています。その問題を軽減し、観光地として持続可能であり続けるためには、観光地としての在り方を適切にマネジメント（管理）し、観光客の数などをコントロール（制限）することが重要になります。それが、マネジメントとコントロールを適切に行うということですが、日本はその点への意識が不十分です。

　一例を挙げると、入場料の問題があります。たとえば「日本のマチュピチュ」とも称される兵庫県の「竹田城跡」。10年ほど前ブームとなり、年間来場者数が50万人以上にもなったこともありますが、その結果、激しく損傷してしまいました。かつて地中に埋

JAPAN TOURISM REVOLUTION
CREATING A HUGE GROWTH MARKET TOWARDS 2030

まっていた天守閣の瓦が露出し、それが踏み砕かれるなどの被害が出てしまったのです。そのような事態を引き起こした原因の1つは、入場料が安すぎること。2013年から入場料が設定されたものの、当時はわずか300円。その後値上げしましたが、それでも現在500円です。そのような料金だと、ひとたびSNSなどで話題になれば、どっと人が訪れて、現地に大きな負荷がかかる。その場所にそれほど興味やリスペクトがない人も多く訪れ、環境が悪化する可能性が高まるのです。

適正な入場料は、少なくともこの数倍だと思います。この場所を訪れる価値は、そのくらいはあるはずですし、入場料を高くすれば、ただ有名だからというだけで来る人は減り、本当にこの場所を訪れたい人だけが来ることになる。たとえば料金を3倍にしたとします。その結果訪問者が3分の1になったとしても、収入は変わりません。しかも土地へのダメージは減り、混雑も減る。そのような方向を目指すべきです。

ちなみに富士山登山では、かつて無料だった入山料（通行料）が、2014年に支払い任意の1000円となり、2024年には、山梨県側から登る場合2000円の支払いが義務となりました。私はそれでもまだ安いと思いますが、こうした流れがさらに広がるべきでしょう。

日本では、「誰でも平等に」ということが大切にされ、それが各地の極端に安い入場料に表れています。しかし観光において、誰でも平等にという時代は終わりました。オーバーツーリズムの時代である今、その場所を本当に訪れたいと思う人は来るけれど、そうでない人には少し来にくいようにしなければ、自然も名所旧跡も、何もかもが破壊されてしまいます。そういう制限の時代に入ったことは認めなければならないし、そのための仕組みづくりを真剣に進めていく必要があるのです。

古い文化や建物は残存するも「産業」としては歴史が浅い

日本が抱える問題は、ほかにもまだまだたくさんあります。公共工事という名の下に所構わず巨大なコンクリートの建設物を建て、景観を台無しにしてしまうこと。観光客に人気となったら近くに土産物屋やドラッグストア、食べ歩きスイーツの店が次々にできて、元の雰囲気や景観を一変させてしまうこと。さらに、寺社や美術館で「土足厳禁」「撮影禁止」「順路はこちら」「トイレはこちら」などと書かれた看板がやたらとあって、景観を醜くし、訪れた人に不快感を与えること……。

こうした問題はいずれも、「マネジメントとコントロール」に関わることで、改善しなければなりません。本来であれば、観光客がいなかったコロナ禍の時期こそ、そのような問題にじっくり取り組むのに最適だったはずですが、その時期には、国も業界も一様に、観光客の数を増やすことばかりに意識が向かってしまいました。一方、海外の国に目を向けると、オランダやニュージーランドなど、コロナ禍にしっかりとそういうことを考えて動いていた国はありました。ではなぜ日本はそうならなかったか。それはやはり、日本

1977年から京都府亀岡市の天満宮に居を構える。築250年の建物のよさを生かしつつ、室内は現代風に快適にアレンジしている

9歳から習字に親しむ。墨に白墨と銀墨を混ぜて書いた「如意」は好きな言葉だという

にとって観光産業が新しい産業だからでしょう。たとえばイタリアやフランスは、おそらく何百年前、少なくとも100年前には観光客がいて、その状況にどう対応すべきかを長く考えてきた歴史があります。日本で2000年代から徐々に広がった「古民家ステイ」のようなものが、イタリアのトスカーナ地方やフランスのプロヴァンス地方では、すでに100年前にはあったのです。

日本のここ十数年の観光客数の急増ぶりは、世界でも珍しい例です。また日本はもともと、社会の中で活動している外国人も他国と比較して少なかったですし、いろんな意味で外国人の訪問者に慣れていない。そのためマネジメントが追いついていないのです。

その一方、日本は今、旅行先として海外の人から非常に高い人気があります。理由の1つは、日本には古い文化がとてもよく残っていること。その点で日本は、アジア一だと思います。なぜ日本に古い文化が残っているのかは、歴史を振り返ると見えてきます。まず1つは、日本は植民地にならなかったことです。他のアジアの大部分の国々のように、植民地になって宗主国の影響を受け、それまでの自国の文化が失われるということがなかった。また日本では、中国の文化大革命のようなとことん文化を壊す出来事もありませんでした。そうした歴史的な背景はとても大きいと言えるでしょう。

日本人が近年古いものに価値を見いだしている理由

古い文化が多く残っている一方で、日本では近年、家を数十年くらいで建て替えるなど、古いものを壊してすぐに新しいものを造ることが多く、それが日本の文化のように語られることがあります。伊勢神宮が20年に一度すべての社殿を建て替える「式年遷宮」も、その裏付けにされたりします。しかし、古いものをすぐ壊すのは決して日本の文化ではありません。そのようなスクラップ・アンド・ビルドが広がったのは、戦後の話です。式年遷宮も伊勢神宮だけのことであり、特殊な例です。むしろ、世界一古い木造建築である法隆寺がなぜ残っているか、ということも考えるべきです。

私が住む京都府亀岡市の自宅は、現在の場所に移築されて約250年になります。また、私が四国の祖谷（徳島県三好市）に1970年代に購入した茅葺き家屋は、築300年です。かつての日本では、よっぽど地震や火事でひどく壊れない限り、家を潰して建て直すということは滅多になかったはずです。ちなみに私が、祖谷のこの家屋を「篪庵」と名付けて改修して、2000年代に宿に転用しました。現在は、日本各地に似たような古民家ステイが広がり、地方観光の重要な資源となっています。

木造建築が多くある古い町は、今も日本にたくさん残っています。それは、いかに日本が古いものを大事にしてきたかを示しています。障子を張り替え、畳を入れ替え、瓦を葺き替え、という具合に部分的な修復を繰り返し、代々家は守られてきた。ただ戦後になって、経済発展が重視されるようになる中で、古いものは文明的でない、貧乏くさいというイメージになってしまった。

そうした戦後の価値観は、最近、だいぶ見直されるようになっています。ここ10年くらいの変化のように思いま

JAPAN TOURISM REVOLUTION
CREATING A HUGE GROWTH MARKET TOWARDS 2030

すが、古いものに価値を感じる人が増えてきて、古いものが残る町に人が来るようになりました。そのような価値観の変化が起きた理由の1つは「観光」の影響だと言えるでしょう。

「経済的影響」ばかりでなく「文化的影響」にも着目を

観光に関するシンポジウムや本で論じられるのは、ほとんどが観光による経済的影響です。どのくらいの観光客が日本に来て、どのくらいの経済効果があったのか。それはもちろんとても大事な論点ですが、観光が生み出す文化的影響についてももっと語られるべきだと私は常々思っています。

先ほど触れたように、私は2000年代に、四国・祖谷の茅葺き家屋「篪庵」を泊まれる宿にしましたが、同じく2004年ごろ、京都で京町家を改修して宿にする「町家ステイ」を始めました。当初京都の人たちには、「誰も泊まりに来ないよ」などとよく言われましたが、始めてみると多くのお客さんが来てくれました。そしてやがて、町家の宿泊施設転用は1つのムーブメントになり、今や古民家ステイや古民家レストランは全国的に広がって、国内外から大勢のお客さんを集めています。さらには、古民家を改修する過程をYouTubeで見せることで人気を集める「古民家インフルエンサー」のような人も出てきています。つまり今や、古い家や自然が残った村や地域は、多くの人に魅力的な場所と映るようになったのです。

そのように、おそらくここ10年くらいで日本人の価値観も大きく変化したのですが、そうした変化を生み出したものこそ「観光」です。それまで日本人が目を向けてこなかったような自国の文化が、海外の観光客には魅力的に映り、人気を集める。その様子を見る中で、日本人の意識も変わり、日本の文化を再発見する。それが、観光による文化的影響の1つの例です。さらに日本では近年、日本古来の大工技術や照明技術を取り入れた洗練されたカフェやレストランも増えています。そこにも確実に、観光の影響があるはずです。観光が文化に与える影響がいかに大きいかがわかるでしょう。

古いものや日本古来の伝統文化が国内でも見直されるようになる中で、日本の観光産業には、いい取り組みが数多く出てきています。たとえば、陶芸職人の仕事現場を案内する窯元ツアーなどがありますが、そういうツアーは、観光客にとって、楽しみながら日本の本物の文化を知る機会になることに加え、職人の数自体が減っている伝統芸術を守り、継承していくうえでも大きな役割を果たしているように思います。

また最近では、日本の食を、伝統文化とともに楽しんでもらうような取り組みにも、魅力的なものが多くあります。2024年秋、私は、岡山県津山市の津山城、香川県善通寺市の出釈迦寺、香川県高松市の栗林公園という3カ所で行われた晩餐会や茶事のプログラムにおいて、ガイド役や講演者を務めました。それぞれ、地域に伝わる食材を生かした料理を楽しんでもらいながら、その土地の歴史や文化を堪能してもらえるすばらしい企画になっています。

ちなみにこの3つの企画については、いずれも価格がそれなりに高く、内容に深い興味のある人に満足してもらえるプログラムとして、とてもよく考えられたものでしたが、あらゆるツアーやプログラムが、富裕層しか来られないような価格設定になるべきではありません。観光地のマネジメントとコントロールという意味では、入場料を上げることに加え、事前予約制を取り入れてひと手間必要なようにしたり、また、学生、地元住民、観光客、で

カー氏が監修した亀岡市内のゲストハウス「『離れ』にのうみ」の寝室。天井には築100年の商家の面影が残る

料金を分けるという方法もあります。民間が主催する高価なツアーがあっていい一方で、公共性の高い観光地については、多くの人にとってフェアなハードルを設けることが大切です。

若者の育成やガイド教育で観光産業を支えていきたい

ここまでお話ししてきたように、日本の観光産業には、明るくていい面もあれば、どうしても変えていかなければならない面も、両方あります。後者についてさらにもう少し付け加えると、古いものが見直されるようになってきているとは言っても、今なお、古い建物や街並みがどんどん壊され、駐車場になったりしています。加えて、木もどんどん伐採されてしまっている。SDGsという言葉だけはよく聞きますが、そう言いながらもこれほど公園内や街路樹の木を伐採している国は、先進国の中では日本だけではないでしょうか。

そうした点を変えていくためにはやはり、「マネジメントとコントロールを適切に行うことが重要である」という意識を皆が持たなければなりません。日本にはまだ、とてもいい文化や景観が数多く残っています。それらをしっかりと生かせたら、日本は世界有数の観光立国になれるはずです。しかし、「マネジメントとコントロール」を怠れば、観光"亡国"にもなりえます。私たちは今そんな大事な局面にいるということを知ってほしいと思います。

PROFILE
アレックス・カー（Alex Kerr）

1952年米国生まれ。イェール大学日本学部卒、オックスフォード大学にて中国学学士号、修士号取得。1964年父の赴任に伴い初来日。1973年徳島県・祖谷で茅葺き古民家「篪庵」を再生させる活動を始める。京都とバンコクを拠点に、日本と東アジアの美術品を収集する一方、通訳、コンサルタント、執筆、講演など多方面で活躍。日本各地に残る美しい風景と文化を守り伝える活動を推進し、これまでに全国数十件の古民家を改修。著書『美しき日本の残像』で新潮学芸賞（1994年）を受賞。ほか『犬と鬼』（講談社、2002年）、『観光亡国論』（中公新書ラクレ、2019年）など。2024年日本建築学会文化賞を受賞。

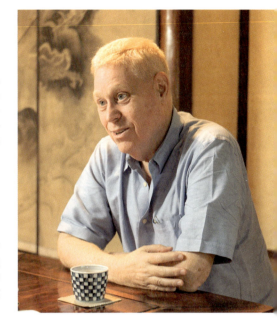

最初にも述べたように、観光産業はこれからの日本を支えていく産業です。将来を考えれば、若い人にどんどん興味を持ってもらうことが大事です。その観点からポジティブな話を最後にすると、私は2023年4月から京都先端科学大学の教授に就任し、「先端ツーリズム」というコースを担当しています。まだ2年目なので、何か明確なことが言えるわけではないですが、1年目から2年目で受講する学生がどっと多くなりました。さらに今、授業をしてみた印象として、興味を持って一生懸命観光について学ぼうとしている学生がかなり多いことを感じています。彼らのような若い世代が、これからの日本の観光産業がどうあるべきかを真剣に考え、変えるべきことを変え、守るべきことを守っていってくれたらと願っています。

また日本には、良質なガイドが不足しています。「この建物は何年に誰が造った」といった知識、つまりWhat is it?を説明することができるガイドは多いですが、観光客が知りたいのは、「なぜこの建物が建てられたのか」「どうしてこんな形をしているのか」といったWhy is it?の部分です。それをしっかり説明できるガイドはとても少ない。だから私は今後、大学でガイド教育にも力を入れたいと思っています。日本の大学で十分なガイド教育を受けられる場は現状ではおそらくないので、そのような場を自分でつくっていきたいです。いいガイドはニーズも多いし、かなり稼ぐこともできます。これからきっと、重要な職業になっていくはずです。

JAPAN TOURISM REVOLUTION
CREATING A HUGE GROWTH MARKET TOWARDS 2030

Chapter 2-2

CHAPTER 2-2
YUKO NAGAYAMA

つねに更新し続ける日本の建築と文化の関係

訪れるたびに変わる街並みと
伝統の共存が旅人を魅了する

東急歌舞伎町タワーやアーク森ビルなどの話題のスポットから大阪・関西万博のパビリオンまで幅広く手がける
気鋭の建築家・永山祐子氏。全国各地を歩き回り、仕事を通じて日本各地に息づく豊かさを再発見してきた。
古い建物のリノベーションも手がけており、地域社会に根付き、長く愛される建物を造るために注力している。
さらに、ドバイ万博での仕事では「日本らしさとは何か」という問いと向き合うことに。
建築の観点から見た日本ならではの魅力について語ってもらった。

Photo: Hideki Ookura　Text: Miho Otobe

永山 祐子

一級建築士　有限会社永山祐子建築設計

日本の街並みには
独自の面白さがある

私は出張で全国各地に足を運んでいますが、日本には、その土地ならではの"豊かさ"が感じられる場所が非常に多いと感じます。たとえば料理。土地の旬の食材を生かした料理は各地にあり、同じ場所でも訪れる季節によって別の料理を味わえます。ひとくちに「日本の料理」といってもバリエーションが豊富ですし、盛り付けの工夫や器へのこだわりなども豊かさを感じさせてくれます。旅館のリノベーションの仕事で訪れた愛媛県宇和島市では、華やかな盛り付けのお

膳をいただきました。ここには伊予宇和島藩時代から育まれてきた食文化があり、取り立てて高級な食材を使っていなくても、彩りや切り方の工夫で本当に美しく見えるんです。

また、日本は染め物や焼き物など、地域の特産品も多彩です。私はJR九州が主催している「九州観光まちづくりAWARD」の審査員を務めている関係で、九州各地を訪ね歩いているのですが、毎回、「これは日本の宝だ！」と感激するような特産品に出合える。何度足を運んでも、いつも新しいものに巡り合います。九州だけでもそうなのですから、日本全国となれば、私が知らないすばらしい特産品がきっとたくさんあることでしょう。

そのような場所では海外からの観光客の方もよく見かけます。先日訪れた九州の地にも焼き物の里があり、交通の便が決してよいとは言えない場所まで若い観光客の方々が足を運んでいて驚きました。今はウェブサイトやSNSなどを使って世界中に情報を発信できる時代。大きな資本を持つところだけが集客できるわけではなく、アイデアを練って魅力をアピールし、観光客を呼ぶことは工夫次第で十分可能だと感じました。

また、昨今の観光のニーズとしては、見て回るだけではなく、その土地ならではの"体験"を求めている人も多い。私自身も2人の子どもを連れて旅するときは、あえて観光地化されていない

special issue No.14 Think!｜59

JAPAN TOURISM REVOLUTION
CREATING A HUGE GROWTH MARKET TOWARDS 2030

場所を選ぶことがあります。観光の裏側にある地元の人々の日常に触れられると充実感を覚えますし、同世代の子どもたちがいるファミリーの家に泊まるなど、観光だけでは得られない「人とのつながり」を大切にした旅を計画することが多いですね。

建築家として日本の見どころの一つだと感じているのは、街並みの面白さです。ヨーロッパの街だと比較的同じ年代の建物が並んでいて統一感がありますが、日本の都市は古い木造家屋と超高層ビルが入り交じっています。とくに東京などの大都市は変化のスピードが速く、街の景観そのものがどんどん変わっていき、10年前と今の風景ではだいぶ違う。訪れるたびに景色が変化するというわけです。そういったところもインバウンドの方々にとっては新鮮に映るのではないでしょうか。

この街並みの背景には、日本ならではの建築文化があります。もともとヨーロッパと違い日本は石造りではなく木造建築ですし、スクラップ・アンド・ビルド、つまり、"つねに更新を続ける"という文化が根付いています。伊勢神宮の式年遷宮に代表されるように、定期的に造り変えながらも同じ営みを続けていくという文化が長い時間をかけて育まれてきました。

だからこそ、「古い建築物が観光資源になる」という観点は、これまで薄かったように思います。ヨーロッパでは歴史的な建築物は価値が高いですが、日本では法律上、年数が経過すればするほど資産としての価値が目減

りしてしまうことが関係しているのでしょう。

しかし、人々の意識という点においては、ここ最近は変わりつつあります。たとえば、最新の設備を備えた新築マンションが多数売り出されている都心であってもビンテージマンションは根強い人気がありますし、名作建築の保存のために私財を投じる人が現れたり、クラウドファンディングなどを活用して保存運動が行われるなど、年代物に価値を感じる人が増えているのは事実でしょう。

その土地の文化や風習を知り地域に根差した建築を

2018年から2019年にかけてリノベーションを手がけた群馬県の四万温泉の旅館「積善館」も、歴史のある建物です。元禄7(1694)年に湯治宿として開業。現存する中では日本最古の木造温泉宿で、群馬県の重要文化財に指定され、映画『千と千尋の神隠し』のモデルとも言われています。

リノベーションは、想像以上に難航しました。なにぶん古い建物なので図面がなく、基礎の状況や構造すらわからず、まさに手探りの状態。正直なところ一から建て直したほうがずっとスムーズだと思ったほどです。でも、あのたたずまいは一度壊してしまったら、もう二度と戻ってこない。外観を保ったままいかに現代の人々に求められる形にするか知恵を絞りました。

この地には古くから湯治文化があり、かつて作家が湯治をしながら執筆にいそしんだり、温泉の蒸気で野菜を蒸して自炊しながら長期滞在していた湯治客もいたそうです。その文化を大切にしたくて、温泉につかって心身を休ませながら仕事もできる日常とつながった湯治場として提案。客室に書斎を設け、山の緑を目の前で楽しみながら仕事に打ち込めるスペースも設けました。

リノベーションにおいては、地域とのつながりや文化を強く意識していま

©永山祐子建築設計

（左）リノベーションを手がけた積善館 山荘では、宿泊客がワーケーションもできるように窓際に書斎スペースを設けた　（右）寄り合い所として地域に愛される「木屋旅館」。すでにあるたたずまいを生かして建物の美しさを引き出した

す。宇和島市の旅館「木屋旅館」の事例を紹介しましょう。この地では、お講（講）の文化があり、住民の方々の寄り合いが頻繁に開催されています。お講は、住民同士のつながりにおいて欠かせない存在であり、「木屋旅館の一室は、寄り合いに使えるような大人数で食事できる場所にしてほしい」という要望がありました。ここは1日1客の滞在型旅館なので、本来なら地元の方々が立ち入る機会はあまりないのですが、寄り合いに使える場所にもなったことで地域に根差した建築物になったと思っています。

地域の文化は、知らないことばかりなので、まずはその土地に入って、地元の人に行事や風習などを教えてもらうことが多いですね。宇和島では、地元の方々が古くから大切に受け継いできたお祭りがあります。お祭りの日には、地元を離れていた人も帰ってきて、皆でみこしを担ぎ、食事を共にする。そういったイベントが地域社会を支えているのだと実感しました。

地域で長く愛される建築にするには、着工前からコミュニティとつながることも大切。瀬戸内海に浮かぶ豊島で手がけたアート建築「豊島横尾館」では、建築説明会の代わりに、地域の伝統である餅まきを開催しました。それで地域の方々が大勢集まってくれて、一気に距離が縮まりました。作品である庭の池底のタイル貼りのワークショップなども実施し、「自分たちの美術館」という感覚を持っていただけたのではないかと思っています。今では、訪問者が港に着くと地域の方が現地まで案内してくださるほどです。

歌舞伎町の新たなシンボル
噴水で勢いと揺らぎを表現

都市部の建築においても、その土地が持つ場所性のようなものを大事にしたいと考えています。2023年春にオープンした東京・新宿の「東急歌舞伎町タワー」は、ホテルや映画館、劇場などのエンターテインメント施設が集結した地上48階、高さ225メートルの超高層複合施設で、私は外装デザインと一部の内装デザインを担当しました。

歌舞伎町の歴史を調べていたら、かつてここは沼地で、戦後、「博覧会跡地を利用することで街づくりを進める」というアイデアの下、娯楽施設を設けるなど民間の力で復興を遂げてきた場所だったと知りました。そこで歌舞伎町タワーのイメージとして思い浮かんだのは、沼地から湧き上がる人々の思いを象徴するような噴水。以前、このタワー建設地の眼前のシネシティ広場には噴水があり、その復活という思いも込めました。また、噴水は下からの勢いがなければ消えてしまうという点ではかなさも感じさせます。権力やパワーを感じさせるオフィスビルとは違って、人々の勢いや熱意によって形づくられるエンターテインメント中心のビルだからこそ、揺らぎのようなものを表現したかったのです。

噴水のイメージを表すために、ガラスの角度を変化させてキラキラした

東急歌舞伎町タワーの外観は湧き上がる噴水をイメージしている
©TOKYU KABUKICHO TOWER

水を表現するなど、光の反射をコントロールしました。水の波形をイメージした細かいパターンをガラスの表面にセラミックプリントし、全体に大きなグラデーションによって波形のパターンを描いています。そのため、見る角度によって印象が変わり、昼と夜では異なる表情を映し出します。また夜はビル全体がライトアップされ、光の色も季節や劇場でのイベントに応じて変化します。多彩な表情を持つ街・歌舞伎町の新たなシンボルとして、この街の人々の思いを未来につなげていく存在に育ってほしい――。そんな願いを抱いています。

"日本らしい建築"とは何か
万博で得た答えとは

日本で生まれ育った建築家として、世界的に見た日本の建築への評価の高さを肌で感じる機会も多いです。実際に、建築界のノーベル賞と言われる「プリツカー賞」の受賞者は、日本人が最多です。

JAPAN TOURISM REVOLUTION

CREATING A HUGE GROWTH
MARKET TOWARDS 2030

以前、アジアの建築家の方に「アジアの中でもとくに日本には建築の系譜がしっかりある」と言われたことがあり、「なるほど」と思わされたことがあります。明治以降、西洋の建築様式が日本に入ってきて、戦後は焼け野原からの復興にとって大いに役立った一方で、従来の木造建築の世界も大切にしてきました。つまり、日本の建築には、「時と場合に応じて適した手法を取り入れ、自分たちの環境に合う形をつくり上げていく」独自性があると言えるでしょう。「日本の建築」というジャンルがグローバルに認められているのは、日本人の建築家としてとても誇らしいことです。

では、日本らしい建築とは何か。"日本の建築"として何を表現すればよいのか。2020年のドバイ万博で日本館のパビリオンを手がけたとき、その問いと深く向き合いました。考えた末に浮かんだ答えは「ミクスチャー」。

"日本らしい"といっても、私たち現代の建築家が実際に学んできたのは、モダニズム建築*以降の建築。それに、日本古来の数寄屋建築を意識して一部に趣向を取り入れることはあっても、「日本ならではの建築だから」と数寄屋建築そのものを造る機会などまずありません。北欧デザインが北欧製の素材で作ったものではなくても「なんだか北欧っぽい」と感じるのと同じで、日本で生まれ育った自分の感覚から"日本らしさ"は勝手ににじみ出てくるものではないかと私は考えます。だから、日本館にあえて日本ならではの素材は使わないことに決め、現地で調達しやすい素材を選びました。

日本館の建物を覆う立体的な格子には、日本の「麻の葉文様」とUAEの「アラベスク」を組み合わせました。どちらも両国の伝統的な幾何学文様で、構造体でもある格子に張った膜は折り紙を想起させます。日本と中東

のミックスというわけですが、光と影の取り入れ方やデザインの繊細さなどから日本らしさが自然とにじみ出てくる。訪れた人にも「日本らしい建物だね」と言っていただけたことで、私の中の"日本らしさ"を再確認することができたように感じています。

2025年に開催される大阪・関西万博（EXPO2025）では、2つのパビリオンの建築を手がけており、「ウーマンズパビリオン」では、ドバイ万博の日本館で使用したファサード（正面外観）を再利用します。こういったイベントでは、期間限定で特別な用途の建築を造るので、地域社会とつながる建物を造るのとはまた別の楽しさがあります。また、「未来社会の実験場」でもある場所で、よりチャレンジングな試みができるのも建築家としてはやりがいを感じますね。

大阪・関西万博で担当しているもう1つのパビリオンはパナソニックグループのパビリオン「ノモの国」。α世代（2010年代以降に生まれた世代）の子どもたちがワクワクできるようなものを造るのがミッションだったので、子どもの自由さを表すようなモチーフでアーチをデザインしています。ここに、もうすぐ世界の人々が集うと考えるとワクワクしますし、未来を担う子どもたちの反応も楽しみです。パビリオンの建物にも注目しながら会場を巡っていただければ、建築家としてこれほどうれしいことはありません。⚠

PROFILE
永山 祐子（ながやま・ゆうこ）

1975年東京生まれ。1998年昭和女子大学生活美学科卒業。青木淳建築計画事務所を経て、2002年 永山祐子建築設計設立。2020年から武蔵野美術大学客員教授。主な作品にLOUIS VUITTON 大丸京都店、カヤバ珈琲、木屋旅館、豊島横尾館（美術館）、ドバイ国際博覧会日本館、JINS PARK 前橋、東急歌舞伎町タワーなど。現在、東京駅前常盤橋プロジェクトTOKYO TORCH、2025年大阪・関西万博パナソニックグループパビリオン「ノモの国」ウーマンズパビリオン in collaboration with Cartierなどの計画が進行中。

＊ 機能的、合理的な造形理念に基づき、装飾などを廃し機能性を重視したシンプルな建物を目指す建築で、19世紀後半に開花した。

お互いを思いやり、尊重し合う受け入れ方を
日本の文化が注目される中
私たちが大切にすべきものは何か

京都の禅寺、妙心寺塔頭・退蔵院の副住職、松山大耕氏は、若手の仏僧を代表する存在として、ダボス会議などの大舞台で、各界のリーダーたちと交流や対話を重ねてきた。政府観光庁の「VISIT JAPAN大使」、スタンフォード大学客員講師としても、日本と世界をつなぐ活動に従事する。そうして、日本文化の核心部に身を置きながら世界と対話を重ねてきた松山氏は言う。日本の文化は今、世界に求められている——。

Photo: Naoshige Narita　Text: Yuki Kondo

松山 大耕

京都府京都市／臨済宗妙心寺 退蔵院副住職
米・スタンフォード大学 客員講師

JAPAN TOURISM REVOLUTION
CREATING A HUGE GROWTH MARKET TOWARDS 2030

日本の思想、そして社会の安定性に世界が注目している

　2023年には訪日外国人観光客は2500万人を超え、コロナ禍の前の8割ほどにまで戻りました。コロナ禍が一段落して観光客が増えるという状況は、日本に限らず、今世界中で起きています。人々の生活水準が二極化してきているのは懸念すべきことですが、経済的に豊かになり、海外旅行に時間やお金を使う人が世界全体で増えているのは確かでしょう。2023年には、はじめてベトナムから小学生が修学旅行で退蔵院に来てくれました。昔は発展途上国と言われていた国でも、今では豊かな人がたくさんいらっしゃるなあと実感する出来事でした。

　観光客の増加は円安の影響ももちろんあるでしょう。一方、私は訪日された外国人を接遇する機会が多くあるのですが、そうしたとき、日本は世界の人たちにいろいろな形で興味を持たれていることに気づかされます。

　まず最近よく感じるのは、日本は今地政学的にとても訪れやすい国になっているということです。世界のさまざまな場所で戦争が起き、政情が不安定な国も多い中、日本は、どの文化圏の人にとっても安心して訪れやすい。日本にももちろんさまざまな問題があるものの、世界を見渡してみると、やはり日本は社会が安定しているということなのでしょう。

　もう一点、いわゆる知識階層とされる人たちとお話ししていてよく感じるのは、日本の「思想」に引かれているという人がとても多いことです。

　先日、スタンフォード大学の先生をご案内したところ、息子さんが最近哲学者になったとおっしゃいました。きっかけは、『善の研究』の西田幾多郎の思想との出合いだったそうです。欧米の資本主義や哲学が今かなり行き詰まっている中で、日本の思想家や哲学が世界で見直されているのです。

　また先日は、中東オマーンの王立アカデミーの皆さんが退蔵院にいらっしゃいましたが、その方々は「和魂洋才」ということを話されました。いわく、日本は、欧米のテクノロジーをただそのまま取り入れるのではなく、ちゃんと日本の文化に合う形にカスタマイズして社会に取り入れていてすばらしい。私たちは新しい技術をどう社会実装すればいいかを学びたい、そのために日本に来たのです、と。確かに日本は、人工知能を比較的オープンに受け入れている様子を見ても、技術を自分たちに合う形にしてうまく付き合っていこうとするところがある。白か黒ではない日本的な在り方が、これからの時代には世界的に重要になっていくのかもしれないと感じさせられます。

　このように、日本の文化は今、確実に世界から注目されていると思います。

互いの文化と互いの存在をリスペクトする

　そこで、多くの外国人観光客を迎え入れる側として、私たちが意識しておくべきことはどのようなことが考えられるでしょうか。

紅しだれ桜の咲く春のみならず、年間通じて多くの外国人観光客が訪れる
©退蔵院

CHAPTER 2-3
DAIKO MATSUYAMA

日本の思想や社会の在り方など、私たちが普段行っていることが評価され、興味を持たれていることを考えると、外国人を迎え入れるために何か特別変わったことをする必要はないと私は思っています。むしろ現状では、私たちが今まで伝統的に行ってきたことを、外国人観光客の利便性を考慮して変更するといったことが少なからず見受けられますが、そうしたことが本当に必要なのか、とよく感じます。

たとえば、お寺に入る際、靴を脱ぐのは面倒だから靴の上からビニールのようなものをはめて上がらせてくれと言われたことがありましたが、それは断りました。汚さないからいいということではありません。日本では、屋内で履き物を履いて、そのまま外に出てはいけないという風習があります。棺桶の中の死者だけが、その中で履き物を履き、そのまま外へと旅立つものとされてきたからです。そういう伝統や文化へのリスペクトは私たち自身も持つべきだし、それを説明して理解してもらうことも大切な異文化交流ではないかと思います。

一方、たとえばすごく体の大きい人が来て、床に座って坐禅するのが難しいからいすを提供する、といったことは積極的に行いたいと私は考えています。身体的な問題などでできないことがある人に対しては柔軟に対応し、こちらができることをすべきでしょう。また、たとえば敬虔なムスリムの方で、お寺の中にいる間にお祈りの時間となり、どうしても今お祈りがしたいと言われたら、私は、お祈りができる場所を提供します。それは宗教へのリスペクトという観点からです。

互いが互いに相手のことを思いやり、相手の文化を尊重し合う。それは観光する側にも受け入れる側にもとても大切なことだと思います。

今、世界で求められる「自己研鑽」の文化

日本の文化の中でとくに世界に伝えたいと私が思うのは「自己研鑽」の文化です。近年、京都で世界的なリーダーが80人ほど集まってさまざまなテーマについて話し合うカンファレンスが年に一度あるのですが、その場で「なぜ成長しなければいけないのか」ということがテーマになったことがありました。西洋の思想や哲学では、成長は何をおいてもいいこととされ、実際20世紀までは確かに成長はいいことだった。しかし、主要先進国やアジアの国々の大部分が人口減少のフェーズに入った現在、成長を追求することは奪い合いを引き起こすことにほかならない。はたしてそれでいいのか、ということが議論されたのです。そのとき、京都に根付く文化や哲学の中にヒントがあるのではないかという話になったのですが、それが自己研鑽の文化、つまり、自分自身の技術や能力を鍛え、高めていくということです。

たとえば、身内の話にはなりますが、かつて私の義父の料理屋で働いていた若い人の中で、非常にいい仕事をする料理人がいて、彼は今、京都に自分の店を持っています。彼と彼の弟子と女将さんの3人で切り盛りする、カウンター8席だけの小さな店で

JAPAN TOURISM REVOLUTION
CREATING A HUGE GROWTH MARKET TOWARDS 2030

すが、高く評価され、常連さんもいらっしゃる。もし仮にこの店がニューヨークなどにあったとしたら、きっとすぐに買収されて、大規模化し、ビジネスとしては成功すると思いますが、その一方で、料理のクオリティは下がり、常連さんはいなくなることが想像できます。料理人にとってそれは決して幸せな道ではないでしょう。京都ではそういうことは起こりにくい。彼は、店は小さく保ったまま、いい仕事をして常連さんに喜んでもらうという道を選んでいます。では、彼は成長していないのかというと決してそうではありません。店の規模は大きくせずとも、料理人としての自分を高めるために努力をして、日々成長しているのです。

競争に勝つことや規模を大きくすることを目指すのではなく、自分自身を高めることを目指す。それが自己研鑽です。その精神こそが、京都に根付く文化であり、つまり日本が大切にしてきた文化です。それは、サステナビリティを実現するためにも世界が必要としている精神だと思いますし、実際に今、世界から日本の文化が見直されているゆえんはそうしたところなのでしょう。

自己研鑽の文化は、禅ともつながっています。

ゴールを決めてそれを達成しようとするのではなく、ただ、自分を見つめ、自分を高めていく、ということを重視するのはまさに禅の精神です。自己研鑽には終わりはありません。いつまでもやるべきことがある。40代には40代の、90代には90代の。つまり、果てしない道を自分のペースで歩き続けていくことであり、それは、仏教、禅を通じて日本に根付いてきた考え方なのだと私は思っています。

それぞれの地域にある独自の魅力を大切にすること

日本の仏教の特徴の1つは「行」、つまり実際の体験を重視することです。お寺では、観光客の方に、行につながる体験をしてもらう機会を用意しているところが多くあり、それは仏教が観光において果たしている重要な役割だと言えます。

好例が、知恩院さんの「ミッドナイト念仏」です。これは毎年4月、法然上人の忌日法要の期間中に夜通し行われているもので、木魚を打ちながらひたすら念仏を唱えるという体験が誰でもできる場となっています。私は近年、スタンフォード大学の学生に対して、日本の文化を知り学ぶための授業を毎年京都で行っていますが、前回来た学生たちに、数ヵ月の京都

PROFILE
松山 大耕（まつやま・だいこう）

1978年京都市生まれ。2003年東京大学大学院農学生命科学研究科修了。3年の修行を経て2007年から退蔵院副住職。宗教家として日本文化を広く発信するなどの活動が評価され、2009年観光庁Visit Japan大使に着任。2011年から京都市「京都観光おもてなし大使」、2018年から米・スタンフォード大学客員講師。前ローマ教皇に謁見、ダライ・ラマ14世と会談するなど、世界のさまざまな宗教家・リーダーと交流。世界経済フォーラム年次総会（ダボス会議）に出席。著書に『ビジネスZEN入門』（講談社＋α新書、2016年）など。

滞在で一番印象的だった体験は何かと尋ねたところ、一番多かったのがこの「ミッドナイト念仏」でした。外国から来た学生たちにとってこの体験は、仏教の本当の行に触れる特別な機会となったのでしょう。

念仏以外でも、密教の護摩行や禅宗の坐禅といった行を体験できる場がいろいろあります。そうした機会をお寺が観光客に提供している意義は大きいと感じます。また最近は、中山道を歩きながら俳句を詠んだり、お遍路を実際に行う外国人も増えています。日本には、そのような精神的な体験ができる機会が多くあり、それはやはり仏教という基盤があってのことだと言えるでしょう。

では、各地域が観光地としてより存在感を高めるためには、このような精神文化の体験も含めて、どのような取り組みを進めるとよいのでしょうか。そのヒントを探ってみましょう。

以前イスラエルのエルサレムに行ったとき、朝4時半に起きて、街中を一人で歩いたことがありました。エルサレムは世界最大の宗教都市であり、キリスト教徒、ユダヤ教徒、イスラム教徒が世界中から巡礼に来る場所ですが、早朝のまだ夜が明けきらない中、キリスト教の聖歌が聞こえ、イスラム教のアザーンが聞こえ、嘆きの壁ではユダヤ教徒の方たちがお祈りをしていました。本当に心が洗われるようなすばらしい時間を体験しました。

私はきっと京都でも同様の体験ができると思っています。私自身、朝3時半や4時からお経を上げ、お庭の

掃除をすることがありますが、朝の京都にはまさにそのような美しさがあります。京都はよく、ナイトタイムエコノミー、つまり夜の観光が弱いと言われるのですが、私は「別に弱くてええやんか」と思うんです。ナイトタイムを楽しめる都市は、それこそ世界にいくつもある。しかし京都は、宗教都市ゆえに"アーリーモーニング"に本当の魅力がある。だから朝を体験してもらえるような取り組みをしたほうがいいと思うのです。

そのように、町や地域の魅力というのはその場所ごとに異なります。にもかかわらず、どこでも同じような盛り上げ方に行き着きがちなのは残念です。何がその地域の一番の魅力なのか。観光客が増えている今、改めて立ち返って考えることが大切だと思います。

異文化と接するときに
"好奇心"と"向上心"を持つこと

最近は観光客の増加によって、オーバーツーリズムの問題も生じています。そうした中、時に外国人への嫌悪を示す声も聞こえます。異文化の人と接する機会をよいものにするために、私たちが大切にすべきこととは何か。これに関して、私は忘れられない経験が1つあります。

少し前のことですが、ある中東の国の王族の方が退蔵院を訪問されました。そこで、精進料理をお出ししたところ、その方はすべてのお皿に少し

だけ手を付けて、あとは残して「おいしかったです」と言って帰られました。禅の修行道場では、食べられないのだったら手を付けるなと教わってきたので、どうしてこのような食べ方をするのか、私はとても気になりました。そこで思い切ってお付きの人に聞きました。「なぜ全部手を付けて、残されたのですか」と。すると、こんな説明をしてくださいました。

アラブの王族の人は、昔から貢ぎ物がすごく多くて、テーブルにはいつも山ほど食べ物が並んでいる。その中で、これは食べたけどあれは食べなかったとなるともめ事になるために全部手を付けるのがマナーだと言うのです。おいしいからと1つだけを全部食べるとほかが食べられなくなってしまう。だから、ちゃんと平等にするために、全部少しずつ手を付ける文化があるのです、と。それを聞いて私は、なるほどと思い、思い切って聞いてみて本当によかったと思いました。

異文化の人間同士が出会えば、習慣の違いなどで、「どうしてだろう」と思うことがあるのは当然です。そのときにまず、「なぜだろう」と思う気持ち、つまり"好奇心"を持つことが大事です。そして、「どうしたらよかったのか」と考える"向上心"を持ち、疑問点を相手に尋ねるなどしてみると、ほとんどのことには理由があるのが見えてくるはずです。そうしたことを心がけ、私たち一人ひとりがいい出会いを重ねることが、お互いのよき未来へとつながっていくのではないかと思います。

Column

70年後の現代に生きる提言

松下幸之助「観光立国の弁」が示す志と理念

「観光立国」という言葉は、松下電器産業（現パナソニック）創業者の松下幸之助が
1954年にはじめて発表したものだという。外国人観光客に日本の自然景観や文化のすばらしさを知ってもらい、
相互扶助の礎にするとともに、新たな産業を創出するという幸之助のビジョンは斬新で、先見の明に満ちていた。
現代のインバウンドブームに、その精神は生きているのか。
松下政経塾にも学んだ島川崇氏が、日本の観光政策に警鐘を鳴らす。

Photo: Shinya Nishizaki　Text: Kunihide Wakabayashi

Takashi Shimakawa

インバウンド拡大は国民の幸福につながる？

　1954（昭和29）年、戦後復興の途上にあった時代に、松下幸之助は『文藝春秋』において「観光立国の弁」という論説を発表した。

　当時、日本を訪れる外国人の数は、年間5万人に届かなかった。そのような時代に、幸之助は日本の自然景観や文化を「資源」と捉え、日本に多大な利益をもたらすための方策として「観光」に着目したのである。

　しかし、「観光立国」という言葉が、国の政策課題を議論する国会の場で取り上げられるまでには半世紀を要した。2004年1月、当時の小泉純一郎首相は、施政方針演説において「日本の魅力を海外に発信し、各地域が美しい自然や良好な景観を生かした観光を進めるなど『観光立国』を積極的に推進します」と述べている。観光振興の方針は、2009年9月に発足した鳩山由紀夫内閣でも継承されることになった。このとき国土交通大臣に就任した前原誠司氏は、記者会見で「観光立国」という言葉をはじめて使ったのは松下幸之助であることを紹介した。

　こうして、国策として観光振興に取り組み始めた結果、

島川 崇

神奈川大学 国際日本学部
国際文化交流学科
観光文化コース 教授

2013年に訪日外客数が初めて1000万人を突破。その後もうなぎ上りに増加を続け、コロナ禍前の2019年には年間3000万人を超えた。インバウンド消費は2023年に5兆円超となり過去最高を記録している。

　インバウンドが一部の国内企業や事業者にメリットをも

たらしたことは確かだろう。だが、それは本当に多くの国民の豊かさや幸福の向上につながっただろうか。各地で観光客が殺到し住民の暮らしに悪影響が及ぶなど、オーバーツーリズムの弊害も目立つようになっている。

はたしてこれが、松下幸之助が目指した「観光立国」の姿なのだろうか——。

ソロバンではじけない「無形の利益」

神奈川大学で観光学を教え、観光に関わる人材教育にも力を入れる島川崇教授は、かつて松下政経塾に在籍しており、外交を学ぶ過程で出合ったのが松下幸之助の「観光立国の弁」だった。

「一般的に観光振興でまず議論されるのは『入り込み客数』（観光地を訪れた人の数）です。ところが、幸之助さんの観光立国論の趣旨は、観光とは『何人来たか』とか『どれだけお金を使ったのか』といった『量』ではなく、『質』が問題なのだというスタンスなのです。これは特筆すべきことだと思います」

島川氏によれば、英国の観光学者ロバート・クレバドンが経済面だけではない観光の多様な効果について整理しているが、「松下幸之助は50年以上前にそのことを看破していた」という。

「観光立国の弁」ではまず「観光は決して単なる見世物商売ではなく、それは、持てる者が持たざる者に与えるという崇高な博愛精神に基づくべきものだ」と幸之助は強調する。では、日本の「持てるもの」は何かと言うと、それが「景観の美」であり「自然の美しさ」と説く。石油や石炭ももちろん大事な資源だが、美しい景観もまた立派な資源である。スイスやハワイには世界中からこぞって人が訪れるのだから、日本の美しい景観が世界の人々を集められないはずはない。日本の美景を日本人だけで独占するのではなく、相互扶助の理念に立って広く世界の人々に開放すべきではないか——というのが幸之助の観光立国の根本だ。

戦後日本は、経済的自立の道として工業立国や貿易立国の道を模索してきた。しかし、工業立国のために必要な石油や石炭を得るには莫大な資金と労力がいる。貿易立国のために物品を輸出すれば、それは日本から資

松下幸之助は理念に基づく「観光立国」を唱えた
©パナソニック ホールディングス株式会社

源が流出することを意味する。その点、美観という観光資源はいくら見ても減ることはない。他国へ持ち出す必要もなく、いながらにして他国から人が来てくれる。「こんなうまい事業はちょっとほかにない」と、幸之助は観光立国の利点を述べている。

同時に、観光には「ソロバンではじけない無形の利益が限りなくあると思う」とも主張する。

1つは、「日本人の視野が国際的に広くなる」ことである。観光客の中には、学者、実業家、技師、芸術家などさまざまな分野で活躍する人たちもいる。こちらから出かけて行かなくとも、このような多様な人たちと交流を持つことができ、日本にいながら海外渡航したのと同じ効果を上げることができる。

もう1つは、「日本が平和の国になる」ことである。美を愛し、文化を愛する心は万国共通だ。観光立国によって国土が美化され文化も高まれば、諸外国もその美と文化を尊重し、それらが末永く守られていくよう力を貸してくれる。観光立国とは、軍備に膨大な予算をかけなくとも、他国から侵略されない国防策の一助ともなりうる。

観光は経済効果という一元的な価値尺度だけで測れない。一部の者だけが利益を得るような仕組みや、自然環境や地域の暮らしに過度な負荷がかかるやり方ではなく、「相互扶助」の精神に基づき、誰もがメリットを享受

Column

できるようにすること。そして異文化と交流を深めることでお互いを理解し合い、美観と文化を尊重し守ろうという平和の心を育むこと。このような本質を秘めているのが、幸之助が定義する観光なのである。

「何のため」「誰のため」の観光政策か

ところが、「この松下幸之助の観光立国の理念と志が、現在の観光振興にはまったく生かされていません」と島川氏は訴える。

「観光振興といっても、取り上げられるのは、何人呼び込めるか、経済効果が見込めるかといった数値目標ばかり。そこに幸之助が示した『相互扶助』『世界平和』という精神はありません。儲かった先に誰がどのように幸せになるのかという話が見えてこないのです。オーバーツーリズムなど各地で問題が噴出しているのは、理念なき観光振興を推し進めてきた結果にほかなりません」

観光は地域発展の"打ち出の小づち"ではなく、やり方によっては地域のマイナスになりかねない"両刃の剣"なのだと、島川氏は警鐘を鳴らす。

「観光開発には、直接的経済効果のほか、雇用の創出やインフラ整備などの間接的利益、地域アイデンティティの自覚とアピールなど、さまざまなプラスの要素があります。しかし、それは同時に、環境負荷をはじめさまざまなマイナス要素と裏腹です」

たしかに、経済効果があるといっても、利益は地元に残らず、開発を主導した大手資本に吸い上げられてしまうケースは珍しくない。また、雇用創出も、マネジメントは大手資本から派遣された社員が行い、地域に求められるのは単純労働や季節労働だけということもある。

「だからこそ、観光政策は単に『儲かるから』『経済が活性化するから』だけでなく、『何のために』『誰の幸せのために』やるのかという志と理念が重要になってくるのです。観光振興に巨額の予算を投じるのなら、国民がその利益を享受すること、たとえば税金が安くなるとか、公共交通が維持されるなどにつながらなければならないはず。しかし、現状はその真逆のことが起こっています」

「入込客数・経済効果至上主義」ともいえる従来の観光振興の在り方を、どのように変えてゆけるのだろうか。

島川氏は、その目を未来に向けている。

「私が学生たちに強調していることの1つが『ガイドの重要性』です。外国人旅行者にとって、マスコミや教科書を通して知る日本と、実際に自分の目で見て手で触れる日本は違います。コマーシャリズムや政治的プロパガンダに左右されない、真の日本の美しさや日本人の心に接することができるのが、観光の大きな意義でもあります。そのことを直接、より深く伝えることができるのがガイドなのです」

今、島川氏が教えた若い世代が、次々と観光業界に巣立っている。中にはガイドになった人もいるそうだ。

企業社会でも、かつて蔓延した業績至上主義からの脱却が求められ、地域への貢献と社会的責任を果たすことが不可欠な要素になっている。観光も例外ではない。ソロバンをはじくと同時に、それが国民や世界の幸せにどうつながるのかを示すことが必要になる。松下幸之助の示した本当の観光立国の姿を、今こそ見直すべき時である。

PROFILE
島川 崇（しまかわ・たかし）

1970年愛媛県松山市生まれ。1993年国際基督教大学卒業。日本航空に勤務後、松下政経塾に入塾。ロンドンメトロポリタン大学経営学修士（MBA）観光学専攻課程修了。株式会社日本総合研究所、東北福祉大学、東洋大学を経て、2020年4月から神奈川大学国際日本学部教授。

JAPAN TOURISM REVOLUTION

Chapter

3

テクノロジーと創造

技術とマインドの革新による社会課題解決

ものづくりの発展により技術大国となった日本では、ホスピタリティ産業の分野でも
ロボットやAIの活用が進められようとしている。

さらに、2025年4月から開催する大阪・関西万博でも、日本の国家戦略「Society
5.0」がコンセプトの核となっている。サイバー空間（仮想空間）とフィジカル空間（現
実空間）を高度に融合させたシステムにより、経済発展と社会的課題の解決を両
立する、人間中心の社会を目指すものだという。IoT（モノのインターネット）、AI、
ロボティクス、ビッグデータ、バイオテクノロジーといった技術により、さまざまな地球
規模の課題が解決される社会は、SDGsが達成された社会にもつながっていく。

未来社会のショーケースとして、日本が注目される今、テクノロジーや日本の思想・
発想が、観光産業でどのように生かされていくのか展望してみよう。

CHAPTER **3-1**
HIROSHI ISHIGURO

仮想空間の旅とロボットのおもてなしが日常に

テクノロジーの進歩により
未来の観光は多様化する

人工知能やロボット、メタバース、遺伝子編集、エネルギーなど、さまざまな領域におけるテクノロジーの著しい進歩は、
観光の在り方にどのような影響を及ぼすのか。そして、これからの観光産業はどう変わっていくのか。
ロボットやアンドロイド研究の世界的な権威として知られ、2025年大阪・関西万博ではテーマ事業プロデューサーも務める
大阪大学の石黒浩教授が、テクノロジーの進化と観光産業の未来を語る。

Photo: Naoshige Narita　Text: Mitsunori Enomoto

石黒 浩

大阪大学 教授（栄誉教授）大学院基礎工学研究科システム創生専攻
2025年大阪・関西万博テーマ事業プロデューサー

感動的な景色はやがて
観光の主役ではなくなる

　もうずいぶん昔になりますが、国際会議に出席するためにオーストラリアを訪問した際、ガイドブックの勧めにしたがって、宿泊先からそう遠くない場所にある洞窟を訪ねたことがあります。足を踏み入れると、暗いはずの頭上から青緑色のぼうっとした光がシャンデリアのようにたくさん垂れ下がっている。しばらくの間、幻想的な光景にすっかり目を奪われました。

　この不思議な光の正体はオーストラリアやニュージーランドに生息しているグローワームという昆虫です。ありがたいことに、私はこれまで主要な

国々はたいてい訪ねてきましたが、これほど神秘的な光景に出合ったことはありません。おそらく、私は生涯、このときの衝撃を忘れることはないと思います。

　こうした視覚的な感動は、私たちが観光に期待する効用の中でも、もっとも大きな要素の1つでしょう。美しい景勝地や歴史的な建造物、あるいは近未来を思わせる高層ビル群など、身の回りにはない非日常的な景色を目にすると、私たちは心を動かされて、その印象的な姿を長く記憶にとどめておきたいと感じるものです。

　ただし、単に視覚的な感動を求めるだけの観光は、間もなく少数派に転落するでしょう。テクノロジーの進化によって、世界中の観光地はもちろ

ん、現実にはありえない風景さえも、仮想空間に現出させることができるようになるからです。つまり、観光のメタバース化が進展すると、私は考えています。近い将来、VR（仮想現実）やAR（拡張現実）の導入が本格化すれば、観光の在り方そのものが大きく変わると思います。

アバターで仮想空間を
観光する時代

　近頃では、さまざまな場面で「メタバース」という言葉を見かけるようになりましたが、一般的にこれはインターネット上に構築された仮想空間やその空間を利用したサービスのことと理解

JAPAN TOURISM REVOLUTION

CREATING A HUGE GROWTH
MARKET TOWARDS 2030

されています。物理的な存在である人間が仮想空間に直接、参加することはできないため、私たちはアバターという自分の分身を通じて、その空間に参加することになります。アバターを自在に操作することにより、街を歩いたり、働いたり、他の参加者と交流するなど、現実世界と同様に仮想空間を楽しむことができるのです。

そして、そうした活動を可能とするのがVRやARと呼ばれるテクノロジーです。VRは仮想空間をベースとしており、ゴーグル型のディスプレイを装着して行うゲームなどに利用されています。一方のARは現実世界をベースとしていて、そのおおよその輪郭をつかむには、大流行した「ポケモンGO」を想起していただければよいでしょう。

こういったテクノロジーにより、これからアバターを通じて仮想空間を観光する時代がやってくるはずです。自宅にいながら、世界中の風景を楽しむことができるようになるのです。そうした観光が実現すれば、これまでさまざまな事情で旅行を断念していた方々も参加できるようになり、観光人口そのものが拡大するでしょう。

たとえば、世界遺産にも登録されているペルーのマチュピチュは、世界的に人気の高い観光地として日本でもよく知られています。ただし、この古代インカ帝国の遺跡は標高2000メートルを超える険しい山の上にあり、誰もが容易にたどり着ける場所ではありません。一度は訪ねてみたいと思いながら訪問できない方も少なくないでしょう。

しかし、仮想空間に再現されれば、足の不自由な高齢の方や身体に障害を持つ方でも、アバターを通じて観光を楽しむことができます。さらに、現実のマチュピチュでは立ち入りが制限されている遺跡の内部にも、足を踏み入れることができます。メタバース空間なら、実際の観光では目にすることができなかった施設の裏側や細部の様子も、気が済むまで堪能することができるのです。

また、アバターを利用すれば、観光を楽しむだけでなく、ボランティアガイドとして活動することもできるでしょう。世の中には、お気に入りの観光地を定期的に訪ねて、そこで暮らしている人々よりも現地の情報に詳しくなった方もいます。そうした方が観光客を案内する側に回れば、趣味として身に付けてきた知識が他人の役に立つだけでなく、そこから新たな交流も生まれるはずです。自分が関心を寄せているテーマについて、世界中の同好の方々と語り合えるとすれば、たとえ経済的な報酬がなくても幸福を感じるのではないでしょうか。

さらに、メタバースが他のテクノロジーと融合することによって、現実の世界も可能性を広げます。

近年、量子力学の進展によって、植物の光合成をはじめとする自然現象を制御するテクノロジーが現実味を帯びてきました。この研究が進化して自然現象の原理が解明されれば、植物を再現し、日常生活に取り入れることもできるようになるでしょう。オフィスの一部を爽やかな森林や公園にリ

フォームして、従業員のストレスを軽減しようとする企業も、やがて現れるかもしれません。

あるいは、現代では失われてしまった過去の自然環境を再現することもできるでしょう。そうしたテクノロジーを利用すれば、現代人よりもはるかに自然と調和しながら生きていた江戸時代の人々の暮らしを快適な状態で体験するようなサービスも考えられます。つまり、空間だけでなく、時間も超越した観光が手軽に楽しめるようになるのです。

空間や時間の制約が少なくなれば、長期滞在型の観光も増えるのではないでしょうか。リモートワークが定着した社会では、従来なら駆け足で通り過ぎなければならなかった街に腰を据えて、住民と交流しながら、その街が持つ多面的な魅力を体感するような観光もできるからです。

このように、テクノロジーの進展がさまざまな制約から人々を解放することによって、未来の観光はますます多様化するでしょう。

アンドロイドと人間は心が通じ合うのか

ロボットやアンドロイドのテクノロジーが本格的に導入されることで、ビジネスとしての観光産業も姿を変えるはずです。

日本はこれから人口減少社会となります。労働力不足が加速するのは確実とみられますが、文化的な背景を

CHAPTER **3-1**
HIROSHI ISHIGURO

図表　ロボットによる「おもてなし」

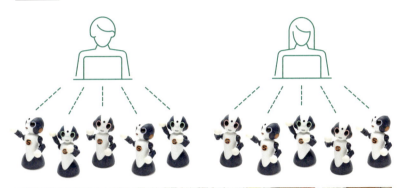

石黒教授が開発に関わったコミュニケーションロボット「Sota」。サイバーエージェントと協働し、神戸空港内に自律と遠隔を組み合わせた10体のロボットを設置、2名のスタッフが遠隔からロボットを通して、案内や空港滞在中の体験の提案等の実証実験を行った

©CyberAgent,Inc　©Vstone Co.,Ltd. All rights reserved.

考えると、労働力不足を補うために大量の移民を受け入れる政策はなじみません。したがって、ロボットやアンドロイドの活用は、さまざまな社会課題を解決する有力な手段と言えます。

実際、ホテルのフロントでロボットやアンドロイドが宿泊客に対応するようなケースは、一部で実用化が進んでいます。国際的にも圧倒的に高いレベルにある日本のロボットやアンドロイドのテクノロジーが観光産業の発展に寄与すれば、同様の課題を抱える諸外国や他業界にとっても、重要な先例となるでしょう（図表）。

ほかにも、神社や寺院、城郭といった伝統的な文化施設でアンドロイドがガイドを務めるような活用法も考えられます。従来の音声ガイドは観光客の理解度に構うことなく、一方的に解説を進めていましたが、AI（人工知能）を搭載したアンドロイドは会話を通じて相手に寄り添うことができるため、一緒に観光を楽しんでいるような一体感が生み出されるのです。

とはいえ、中には疑問に感じる方もいるかもしれません。人間は、本当にアンドロイドと心を通わせ合うことができるのだろうか、と。

たしかに、なぜかいつもロボットが反乱を起こす小説や凶暴なアンドロイドばかりが描かれる映画に親しんできた方であれば、そうした懸念を抱くのも不思議はないでしょう。

おそらく、そうした認識の根底には人工物に対する無意識の恐怖感や優越感が横たわっているはずです。しかし、私たちは本当に生身の存在と言い切れるのでしょうか。

たとえば、医学やテクノロジーの発達によって、昨今では交通事故で足を失った方が義足を利用したり、病気で身体の一部を失った方が補装具を身に着けたりして、日常生活の不便や不自由を補うことができるようになっています。しかし、身体機能の一部を人工物が代替しても、そうした方々を生身の人間ではないと認識する人はいないでしょう。同様に、車いすが手放せない方も、メガネや補聴器が必要な方も、言うまでもなく生身の人間です。

仮に、人工物をいっさい排除しなければ生身とは言えないとするならば、一度でも抗生物質を服用したことがある方は、もはやアンドロイドです。そう考えたとき、人間は生身の存在であるがゆえに人工物よりも尊いという生命観は、大幅な修正を迫られることになります。

実は、現代社会に生きる私たちは数え切れないほど多くの人工物に囲まれて暮らしています。中世の人々も、縄文時代の人々でさえ、装身具や調理器具など、人工的に作られた道具を利用して生きてきました。人間は人工物を生み出すことで快適な暮らしを

JAPAN TOURISM REVOLUTION
CREATING A HUGE GROWTH MARKET TOWARDS 2030

実現し、長寿を手に入れ、文化を進歩させてきたのです。

人間の存在そのものがテクノロジーと融合しているのであれば、あらゆる「いのち」について、それが生身であるのか、人工物であるのか、に拘泥する必要はない。ロボットやアンドロイドは人間を脅かす存在ではありません。人間と同様に尊く、私たちの仲間なのです。

日本文化が可能にした
ロボットとの信頼関係

もっとも、ロボットやアンドロイドは今のところ人間と対等な存在ではありません。しかし、テクノロジーの発達によって、将来、人間に準じた人格を獲得する可能性はあるのです。私たちは、ロボットやアンドロイドとどのように向き合えばよいのでしょうか。そうした疑問に示唆を与えているのが、実は日本の文化です。

古来、私たちの祖先は鳥や虫の鳴き声に風情を感じ、滝や岩にも生命を見いだしてきました。人間だけを特別視するのではなく、人間も自然の一部と捉えて、異質な存在とも無理なく調和してきたのです。「和」を尊ぶ日本の伝統的な文化に照らしてみれば、先ほどの問いかけに対する答えは、おのずと明らかでしょう。まして、人間とそっくりな容姿を持ち、高度な情報処理能力を備えたアンドロイドと心が通じ合えないはずがないと、私は思います。

PROFILE
石黒 浩（いしぐろ・ひろし）

1963年滋賀県生まれ。1986年山梨大学工学部卒業。1991年大阪大学大学院基礎工学研究科物理系専攻博士課程修了。京都大学助教授、和歌山大学教授などを経て、2002年大阪大学大学院教授。2017年から同大学栄誉教授。アンドロイドの研究開発における国際的な第一人者として知られる。2011年大阪文化賞受賞。2015年文部科学大臣表彰。2020年立石賞受賞、2024年市村学術賞功績賞受賞。『アバターと共生する未来社会』（集英社）、『ロボット学者が語る「いのち」と「こころ」』（緑書房）、『ロボットと人間』（岩波書店）など、著書多数。

事実、日本には以前から自動販売機というロボットが津々浦々に設置され、私たちの快適な暮らしを支えています。買い物をしたとき、店員から手渡されたお釣りは数え直しても、自動販売機のお釣りを確認する人は少ないでしょう。日本の文化なら、人はロボットと信頼関係を築くことができるのです。

それならば、観光産業の担い手としては、むしろ人間よりロボットやアンドロイドのほうがふさわしいのではないかと思える面さえあります。スマートフォンに搭載されている翻訳機能でもわかるように、いまやAIに言語の壁は存在しないからです。

昨今、宿泊や飲食、販売など、観光産業に関わる業務の多くで日本の接客技術が高く評価されています。それは、接客の根底に「おもてなし」の精神が流れているからでしょう。自分の都合より相手に対する配慮を優先したサービスです。そうした配慮に接客の理想を求めるならば、相手の母語によるコミュニケーションほど理想的な「おもてなし」はない。AIに匹敵するほど複数言語に堪能な方は少ないでしょう。

ただし、世界中のサービス産業を見渡してみると、中にはおもてなしのプロによる卓越したホスピタリティも見受けられます。残念ながら、現時点ではロボットやアンドロイドがそこまで再現することは難しい。しかし、そのときどきの感情や体調に左右されず、長時間にわたる労働にも耐えうるロボットやアンドロイドが人間の平均的な接客技術を再現するのは、それほど難しいことではありません。

いずれにせよ、テクノロジーの発達が観光産業にとってプラスとなることは間違いありません。

「大阪・関西万博」で私が伝えたいこと

実は、私が「大阪・関西万博」でプロデューサーを務めるパビリオンのテーマにも通じるのですが、エネルギーや遺伝子編集といった分野でもテクノロジーが著しい進歩を遂げたことにより、これまで自然の摂理に委ねてきた未来設計に関しても、人間は一定の権限を手に入れました。私たちは、先人が「神」や「天」の役割と信じていた領域でさえ、制御するテクノロジーを獲得しつつあるのです。

このことは、人間が未来の地球や生命に対して重大な責任を負う時代になったという事実を示しています。今を生きる私たちが誤った道を選択すると、数十年後の人類が滅びるような深刻な状況が考えられるわけです。そうした責任を自覚しながら、私たちは「いのち」とどう向き合えばよいのか。私のパビリオン「いのちの未来」では、皆さんにそう問いかけています。

簡単に答えが見つかるテーマではありません。しかし、あらゆる意味において「多様性」が重要性を増すことだけは間違いないと、私は考えています。画一的な価値観に支配された環境の下で未来がデザインされてしまうと、万が一、その価値観では対応し切れないような状況に直面した場合、人類の幸福な未来は失われかねないからです。

多様な価値観を許容する社会を築くということは、私たち自身が自分の頭で考え、選択し、結果を引き受けるということではないでしょうか。一人ひとりが一度きりの人生を主体的に生きることが、さまざまな価値観を生み、社会の多様性につながります。そうして土地柄にふさわしい地域社会をつくり、共同体の中で独自の文化を形づくる必要があります。文化とは人間が生きた証しであり、人間そのものでもあるのです。

かつてのテクノロジーは、生活の利便性を高めたり、物質的な豊かさを実現するための手段でした。しかし、私たちの社会はそれらの課題をおおむね達成しました。今後は、人生をいっそう充実させるための手段としてテクノロジーを活用すべきでしょう。よりよい人生とは、何を意味するのか。幸福な暮らしとは、どのような日常なのか。今私たちは、そうしたことを考える時期に差しかかっています。

私は、そうしたテーマを自分自身の問題として考えるきっかけを与えてくれるのが、観光ではないかと考えています。観光は、行動範囲を広げます。行動範囲が広がるということは、他者と交流する機会が増え、物事を認知する領域も拡大するということです。そのプロセスこそ、まさに人間の進化なのです。

「大阪・関西万博」では、私が四半世紀にわたって研究を続けてきたロボットやアンドロイドを用いて、テクノロジーの発展によって「いのち」の可能性が広がる未来を表現しました。さまざまな機械やコンピュータに宿る「いのち」を通じて、改めて人間という存在を見つめ直す機会としていただければと願っています。

シグネチャーパビリオン「いのちの未来」完成予想図
©FUTURE OF LIFE / EXPO2025

大阪・関西万博は未来社会をどう見せていくのか

メタバースを通して体験する「人類の調和」

各方面で実用化が進むメタバースやAIの技術は、現在、すでにわれわれの日常生活や
ビジネスに影響を与え始めている。進化し続ける技術は、街の在り方や観光産業をどう変えていくのか。
"大阪の迎賓館"として長い歴史を刻むロイヤルホテルの蔭山秀一会長と
「バーチャルビーイング」の研究で注目される大阪大学の佐久間洋司特任研究員が、
未来の可能性と社会が直面する課題について、率直に語り合う。

Photo: Naoshige Narita　Text: Mitsunori Enomoto

蔭山 秀一　×　佐久間 洋司

株式会社ロイヤルホテル
取締役会長

大阪大学 社会ソリューションイニシアティブ
特任研究員

現場で活用される
アバターの技術

蔭山　2025年大阪・関西万博では、大阪パビリオンのディレクターを務めていらっしゃるそうですね。

佐久間　はい。「人類の調和」をテーマとして、「未来のバーチャルビーイング」をイメージにしたコンテンツを制作しています。

蔭山　そのバーチャルビーイングというのは、どういうものですか。

佐久間　端的に言えば、アバターのようにバーチャル空間で身体として扱われるもの全般を指します。アンドロイドや掃除ロボットを総称して「ロボット」と表現するのと同じように、バーチャ

ル空間に存在（ビーイング）するものの包括的な呼び方とご理解ください。

蔭山　すると、大阪パビリオンでは仮想現実（VR）や拡張現実（AR）などメタバースの技術を使って、未来社会を体感することができるわけですね。

佐久間　おっしゃるとおりで、バーチャルライブや代替現実ゲームなど、楽しみながら参加できる展示を企画しています。音楽やマンガ、小説などの要素も取り入れたエンターテインメント性の高いコンテンツになる予定です。

蔭山　実は、私どものホテルでもフロントスタッフの育成プログラムにもアバターを取り入れ始めました。従来は先輩スタッフが新人を指導していたのですが、昨今はホテル業界も人手不足で余裕がないため、アバターをお客様

に見立てて接客の訓練を行うわけです。言葉を外国語に切り替えることも容易にできるので、外国語の習得にも役立ちます。同様に人手不足に直面している産業にとっても、メタバースは有効な手段ではないでしょうか。

佐久間　航空業界において、人材教育にアバターを役立てようという研究も有名です。感情的な乗客や理不尽なクレーマーが現れた場合にどう対処すべきか、といった訓練にアバターが活用できることがよく知られています。

メタバースは
観光に貢献するのか

蔭山　もっとも、一方で私はメタバー

78 | Think! special issue No.14

JAPAN TOURISM REVOLUTION
CREATING A HUGE GROWTH MARKET TOWARDS 2030
Chapter 3-2

スが近い将来、ビジネスの在り方を劇的に変えるという声に対しては、やや懐疑的な見解をもっています。たとえば、ゴーグルを装着して観光を擬似体験すれば、私たちは実体験を求めるようになるといわれます。しかし、街を擬似体験すれば、本当に現地へ足を運びたくなるものでしょうか。正直なところ、直感的に「ほんまかいな」と感じてしまいます。

佐久間 たいへん鋭いご指摘だと思います。もちろん、バーチャル空間に触発される方もいらっしゃるとは思いますが、観光客を増やすという点では、その街の魅力を紹介するYouTuberの動画のほうが、よほど効果的なのではないでしょうか。というのも、単に観光地を再現するだけのバーチャル空間では、風景としての観光地を十分体験したつもりにさせてしまう可能性すらあります。同行者との共感や旅先での出会いも感じにくいとも思います。

蔭山 たしかにそうですね。

佐久間 ゲームの世界でメタバースの成功例が見られるのは、「Fortnite」や「マインクラフト」など、友人と何かを競ったり、誰かと一緒に何かを作り上げたりする喜びや楽しい時間が、ゲーム空間において成立するからです。つまり、まずは目的があって、その舞台としてふさわしい場所がバーチャル空間であったというだけで、少なくとも現状においては、現実に似せた擬似体験から得られる満足感そのものが大きいわけではありません。したがって、メタバースを観光産業の活性化につなげるのであれば、現実の世界ではありえない光景をバーチャル空間で表現すべきではないかと考え、「バーチャル大阪」を企画しました。これは、企画の立ち上げと全体のディレクションをさせていただいた都市連動型メタバースで、すでにコンテンツ化しているものですが、「新市街」という都市エリアでは道頓堀の戎橋から大阪城が見えます。さらに、海遊館と梅田スカイビルも隣りあわせて配置されています。

蔭山 大阪をご存じの方ならわかると思いますが、たしかに現実にはありえない光景ですね。

佐久間 ほかにも、大阪の歴史や文化を体感できる「今昔街」というエリアには"女人高野"として知られる金剛寺と楠木正成ゆかりの観心寺が再

JAPAN TOURISM REVOLUTION
CREATING A HUGE GROWTH MARKET TOWARDS 2030

現されています。

蔭山 実際の金剛寺と観心寺は少し離れた場所にありますが、同じエリアで同時に体感できるわけですか。

佐久間 そうです。しかも、秘仏とされている観心寺のご本尊を特別に拝観できるうえ、金剛寺のご本尊も近くから拝観できるなど、現実にはなかなか体験できないようなコンテンツが、都市を抽象化して再構成するというコンセプトで提供されています。これは私たち一人ひとりがイメージする大阪を集めるような空間にしたいという思いから来ています。

蔭山 新市街にせよ今昔街にせよ、要するに大阪の観光名所をテーマ別にひとまとめにして、現実にはありえない街をつくったわけですね。

佐久間 おっしゃるとおりです。

蔭山 東京でいえば、渋谷のスクランブル交差点から東京タワーと東京スカイツリーを眺めるとか、浅草寺と明治神宮を同時にお参りするといった感じでしょうか。

佐久間 たしかに、そうした光景を想像していただくと、大阪にあまり詳しくない方にもわかりやすいかもしれません。

抽象化された特徴が街の印象を強める

蔭山 特徴的な観光名所がパック詰めにされたような架空のエリアを擬似体験すると、街の印象が際立つのでしょうね。印象が強く刻まれれば、いつか現地を訪ねてみたいという気持ちが生まれるのかもしれない。

佐久間 私たちが思い描く街の姿というのは、多くの場合、抽象化された記憶や知識によって構成されています。子どものころを振り返ってみても、夏休みに家族と出かけた海辺の街を思い出すとき、心の中によみがえるのは砂浜に並んだビーチパラソルだったり、海へ向かう途中で目にした神社の森だったり、あくまで断片的な光景でしかないはずです。にもかかわらず、記憶の中ではたしかに海辺の街として印象に残っています。

　ある研究者から聞いたエピソードでは、高齢者施設でメタバースを体験していただいた際、ゴーグルの中の架空の街を散策していた女性が「私は昔、この街に住んでいた」と、思い出を話し始めたそうです。

蔭山 実在しない街の風景が、その方の故郷と似ていたわけですか。

佐久間 おそらく、いかにも"それっぽい"風景だったのでしょうね。この"それっぽい"というのが大事で、メタバースを利用するのであれば、現実の街並みを忠実に再現するよりも、抽象化された"それっぽい"風景を創造したほうが、私たちの心に刺さるような気がしています。ディズニーのアニメ映画「ベイマックス」は"サンフランソウキョウ"という架空都市が舞台です。サンフランシスコと東京がモデルで、アメリカ人なら「これはサンフランシスコの風景だ」と言うし、日本人は「東京が舞台だね」と言う。制作側が断片的な風景を組み合わせてそのような都市を作り上げたのですが、バーチャル大阪もそこから着想を得ています。

蔭山 先ほどの新市街も今昔街も、

いかにも"大阪っぽい"というわけですね。機会があれば、その「バーチャル大阪」に中之島も取り入れていただきたいものです。

佐久間 大阪・関西万博の大阪パビリオンで予定しているコンテンツの舞台は中之島をモチーフにしているんですよ。

蔭山 そうですか。それは光栄です。ご承知のように、私どものホテルも立地する中之島は、美術館をはじめとする文化施設の集積地として、全国的に見ても屈指のエリアです。堂島川と土佐堀川に挟まれた中州は地形的にも特徴があり、昔からパリのシテ島とよく似ていると言われてきました。

佐久間 コンテンツの取材のため、中之島の端から端までじっくり歩いてみましたが、大阪府立中之島図書館や大阪市中央公会堂、そして日本銀行大阪支店など、重厚な近代建築群も印象的でした。

蔭山 歴史をさかのぼれば、江戸時代には米の取引所に近かったため、各藩の蔵屋敷が集まっていました。しかしながら、そうしたさまざまな特色を持っているにもかかわらず、これまで中之島がエリアとして魅力を発信することは、ほとんどなかったようです。そうした事情もあって、市庁舎もある大阪の中心でありながら、中之島は全国的にはあまり知られてこなかったのかもしれません。

佐久間 もったいないですね。

蔭山 そう思います。ただ、最近は中之島の文化的な魅力を発信しようという動きも徐々に出てきました。大阪パビリオンがきっかけとなって、キタやミナミの繁華街とは違う中之島の特徴が"大阪っぽい"と多くの方々に認識されるようになれば、地元も盛り上がると思います。

情報のキュレーションと個人の自由意志

蔭山 大阪パビリオンについて、冒頭で「人類の調和」をテーマとしたコンテンツとおっしゃいましたが、どのような内容なのですか。

佐久間 男女2人の若者を主要な登場人物とした物語で、ユーザーが主人公になったつもりで参加できるゲーム的な要素があります。ストーリーを大まかに言うと、大規模なセンシングとキュレーションのシステムが社会実装された未来の大阪で、社会としての幸福や長期的計画をリードする若い男性リーダーに対し、個人の自由意志や欲求の大切さを説く女性リーダーが対立する物語です。女性リーダーがアジトにするのが中之島であり、来場した方々はその物語の世界にアバターとして参加するという仕組みです。ただそれらの概念だけを伝えればお説教になりがちですが、ゲームの物語世界を楽しみながら、自然な形で「人類の調和」について考えるきっかけにしようとしています。

蔭山 おそらく、そのテーマはバーチャルビーイングの研究者としての関心事でもあったと思うのですが、それは未来社会において「対立」が顕在化すると考えるからでしょうか。

佐久間 私は、むしろ対立が生じにくい社会における個人の幸福や自由意志をどう考えればよいか、長期主義的視点に立とうといった意味で「調和」というテーマに関心を持ってきました。

蔭山 将来的に、対立のない社会が成立しうるということですか。

佐久間 ここで簡単に説明するため、人々のさまざまなデータに基づいて合意形成を行い、それに沿って緩やかに情報流通を制御することで、全員が満足する結果にAIが導くことを「キュレーション」と呼びたいと思います。AIをはじめとするテクノロジーによってキュレーションの仕組みや精度が向上すると、権力の強制によるのではなく、全員の希望に沿った合意形成をしたうえで、かなわない場合でも緩やかに納得できるようなキュレーションをする、新しい統制社会を実現することができる未来を想定します。

蔭山 選別された情報を与えることによって、人々を洗脳することができるということでしょうか。

佐久間 いえ、人々の意志を一定の方向へ誘導するという点では似ているかもしれませんが、いわゆる洗脳と異なるのは、そこに特定の立場や人間の利益を代表する何らかの強制力が働いたわけではないということです。人々の希望を集めて合意形成することを前提として、それらの合意がより円満に認められるよう働きかけることで、社会をキュレーションします。

たとえば、中之島近辺に住んでいたり、通っている人々の思いを集めた

JAPAN TOURISM REVOLUTION
CREATING A HUGE GROWTH MARKET TOWARDS 2030

ところ、中之島に大型の都市公園があればたくさんの人の期待にこたえられるという計算がされるかもしれません。一方、そのような合意形成がされたとしても、それに100％同意している人たちだけではありません。そこで、そこまで賛成していない人の下に、グラングリーンのような他の地域にある似たような施設の話題が届きやすくなったり、動画や映画のワンシーンが目に留まるようになったり、興味を持ったり好意を感じたりするように少しキュレーションをすることもあるかもしれません。人々が自認として"自分の意志"でその施設に関心を持ち、好意的な印象を抱けば、建設へ気持ちが傾いてもおかしくはないはずです。

蔭山 そういう気持ちになるであろうことは、よく理解できます。

佐久間 その後、実際に住民投票が行われて、建設を支持する声が多数を占めた場合、対立やトラブルはほとんど生じないと思います。しかし、それは本当に個人の自由意志に基づく合意形成といえるのか。私たちは、そう遠くない将来、こうした問題に直面することを予測しています。

未来を選択するという「長期主義」の視点

蔭山 長年、ビジネスの現場に身を置いてきた立場からすると、そのキュレーションという話は興味深くもあり、反面、恐ろしさも感じますね。しかも、すでに動画サイトなどではそういった

PROFILE
蔭山 秀一（かげやま・しゅういち）

1956年大阪市生まれ。神戸大学経済学部卒業後、住友銀行（現三井住友銀行）に入行。副頭取、副会長を歴任。2017年、ロイヤルホテル社長に就任。2023年から現職。大阪日伊協会会長、日本ホテル協会副会長などを務めたほか、2015年には関西経済同友会代表幹事に就任し、2025年大阪・関西万博の誘致に貢献した。

テクノロジーが活用されていて、着々とその未来へ進んでいるように感じます。

佐久間 ご承知の方も多いと思いますが、おっしゃるように、いわゆる「おすすめ動画」は再生履歴などからユーザーの視聴傾向を類推したうえで選別されています。ですから、現時点においても、私たちは自分の意志で動画を視聴しているといえるのか、きわめて疑わしいと思います。

蔭山 検索エンジンもネット通販も同じですね。検索履歴から嗜好が類推されて、関心の高そうなサイトや商品が上位候補として挙げられます。ただし、悩ましいのは、そういう仕組みを意識し始めると、誰かに誘導されているような気持ち悪さを感じるものの、取り立てて問題視しなければ、ユーザーにとっては歓迎すべき利便性の向上とも考えられることですね。

商品の購入を強要されるわけではなく、探していたものが見つけやすくなったと実感することも少なくないのですから。

佐久間 まさにそのとおりで、たとえ情報が緩やかにキュレーションされた統制社会であっても、人々が自由意志に基づいて暮らしていると感じ、実際に対立や葛藤のない社会に満足しているのなら、それは個人の幸福と社会の幸福が調和した世界なのかもしれません。しかし、その一方では、社会からキュレーションを排除して個人の完全な自由意志を取り戻すべきだ、という考え方も成立します。

蔭山 そうですね。たとえ合意形成が難しくなっても、むしろ対立や葛藤が生じることこそ自由意志が発揮されている証しであって、そうした社会に真の幸福があるともいえる。やすやす

と結論が出るテーマではなさそうです。

佐久間 ですから、このゲームには2通りのエンディングを用意しました。どちらかの結末をプレーヤー自身が選択することになります。その点も、ゲームの重要な特徴です。

蔭山 プレーヤーは、どちらか一方のエンディングしか知ることができないわけですね。

佐久間 そうです。ただ、それは私たちが日常的に経験していることであって、現在の社会とは先人が積み重ねてきた膨大な選択の結果であり、実は私たちも将来を大きく左右する選択の当事者です。その重大さに気づいてくださる方が1人でも増えれば、コンテンツの意義も認めていただけるのではないかと思います。

蔭山 つまり、現在の社会が成立する過程には、膨大な「選ばれなかった未来」の屍（しかばね）が横たわっているというわけですか。

佐久間 そうした考え方は、最近、倫理学の分野で注目されている「長期主義」とも重なるものです。主に英語圏では、学者や研究者だけでなく、イーロン・マスクが共感を示すなど、ビジネスの分野でも長期主義に対する関心が高まっているようです。

大阪パビリオンが発信する未来へのメッセージ

蔭山 確かに、現在の選択が未来を左右するという考え方は、日々、選択を迫られる経営者にとっても関心の高いテーマでしょうね。実際、昨今は短期的な経営目標だけでなく、社内で練り上げたパーパスやビジョンを掲げる企業が増えています。長期的な展望を設定することによって、足元の経営施策や従業員の行動を見直すことが意図されています。

私どものホテルでも、単に宿泊サービスを提供する事業と捉えるのではなく、事業を通じて大阪の魅力を発信することをテーマとしています。将来の大阪に対して、今を生きる私たちは何ができるのか、という視点は、ビジネスの側面からも示唆に富んでいるように感じます。

佐久間 とはいえ、どれほど崇高なメッセージであっても、大阪パビリオンでは来場者の心に響かなければ、あまり意味がないとも考えています。前回の大阪万博でさえ、数十年を経て記憶に残っているのは「月の石」だけという方も少なくないでしょう。小難しいメッセージは控えめにして、エンターテインメントとしてゲームを楽しんでいただきたいと思います。

蔭山 関西経済同友会の代表幹事だったこともあり、私も誘致委員会の副会長として万博に関わってきたのですが、現代の日本で万博を開催する意義について、実は当初から議論がありました。単にテクノロジーを陳列するだけの場では、やはり物足りない。一過性のイベントで終わらせるのではなく、その後の社会に受け継がれるようなメッセージを発信する必要があります。その意味で、佐久間さんがディレクターを務める大阪パビリオンは、実に意義深いと感じました。これからも、さまざまな分野で活躍されることを楽しみにしています。

PROFILE
佐久間 洋司（さくま・ひろし）

1996年東京都生まれ。大阪大学基礎工学部、東京大学大学院総合文化研究科を卒業。バーチャルビーイングやコミュニケーションの研究者として、日本オープンイノベーション大賞文部科学大臣賞など、多数受賞。現在、2025年大阪・関西万博のディレクター、大阪商工会議所未来社会創成委員会座長なども務める。

CHAPTER **3-3**

MASAHIKO OSAWA × TAKAMASA SUCHI × NOI TATSUZAKI

次世代テクノロジストが自由に語り合う

ロボットと先端技術が変える
観光の未来「空想会議」

私たちの日常生活で使う、スマホやコンピュータ、そのほかの電化製品、産業機械にも、ロボットやAIの技術は
すでに溶け込んでいる。観光産業も例外ではなく、人手不足解消、効率化、多言語対応サービスなどの理由から、
ロボットやAIの活用が急速に進んでいるところだ。先端技術を人々が受容し、応用していく過程で、
「人」と「テクノロジー」の新たなコミュニケーションが生まれてくる。テクノロジーの現在地を基点に、
気鋭の若手テクノロジストたちが未来社会と観光の在り方を、想像力を膨らませて語り合った。

Photo: Yojiro Terasawa　Text: Ayano Akiyama

立崎 乃衣

ロボットクリエイター
株式会社 ADvance Lab 代表取締役社長
CEO

×

大澤 正彦

AI研究者
日本大学 次世代社会研究センター
RINGS センター長
文理学部 情報科学科 准教授

×

須知 高匡

新型モビリティ開発者
ZIP Infrastructure 代表取締役
CEO

ロボット技術を
受容する社会

須知　僕は自走式都市型ロープウェー「Zippar」という交通システムを開発しているのですが、模型から始まって2023年に12人乗りの実験線まで開発が進んできました。2027年の運行目標も見えてきた中で、ロボティクス技術が観光業界も含めてどのように社会で実装されるのかとても興味があります。
　今、飲食店で活躍しているネコ型配膳ロボットが受け入れられたことはすごく面白いと思っているんです。技

術的には20年くらい前でもできたのではないかと思うと、せっかくそういう技術があっても社会に実装されていなかったという状況はすごくもったいないと思っていて、一方で技術ができたからといって、必ずしもそれが実装されるわけではないんですよね。
大澤　僕は子どもの頃からずっとドラえもんをつくりたくて、たくさんの人がドラえもんを愛しているからこそ、100億人のドラえもんのイメージが反映されるようにみんなでつくるにはどうすればいいんだろう、というところからAIの作り方を研究するようになりました。
　ネコ型配膳ロボットが受け入れられ

た背景は、日本人の擬人化傾向の強さが効いてきていると分析しています。エージェントやロボットのように人間ではないものを人間のように擬人化している状態を研究する国際的な研究分野では、採択された論文の過半数が日本からのものなんです。
須知　配膳ロボットは、猫耳と顔がついていて、声も出る。それが効いたんですね。
大澤　擬人化するとなぜ成立するかというと、擬人化している状態があると、「意図の読み合い」が発生するんですね。「ここを通りたい、でも通れない」「お皿を運びたい」という相手の

special issue No.14 **Think!** | 85

JAPAN TOURISM REVOLUTION
CREATING A HUGE GROWTH MARKET TOWARDS 2030

意図が読める。擬人化してその意図やスタンスに基づいて解釈する状態になると、「相互適応」ということが起きるんです。つまり、相手を機械だと思っている——それを「設計スタンス」と呼ぶんですけど、機械だと思っていると、機械は自分に合わせて動くものと捉えてしまうようになるんですね。

ショッピングモールなどで、全自動ゴミ拾いロボットを作ろうとすると、とても大変なんですね。ゴミとそうでないものをどう見分けるのか、人にぶつからないように移動するにはどうすればいいのか考えなくてはいけない。けれども、ゴミ箱型ロボットなのにゴミを拾う能力は持っていなくて、ゴミの前でもぞもぞさせていると、周囲の人がかわいそうになってゴミを拾ってくれるんです。

須知 配膳ロボットでいうと「なんだかちょっと大変そうなネコちゃんがいるから通してあげよう」と思える。

大澤 今までのAIは、ロボットとして完璧な精度をもって人間の役に立つことを目指してきたけれど、人とロボットを一体のシステムとして捉えて相互適応させると、技術的なハードルが下がるというのが、ヒューマン・エージェント・インタラクションっていう研究領域で研究されています。あれは典型的なそういうデザインですね。

須知 めちゃくちゃ面白いですね。人間って実は変化に対して、かなり応用が利くものなんですね。

技術が形づくるコミュニケーション

大澤 僕は意図を読むAIの研究をしているわけですが、意図を読むことが要求されるタスクをドイツ語とイタリア語とフランス語と中国語と日本語で比較実験をしたんです。そうすると、

PROFILE
大澤 正彦（おおさわ・まさひこ）

1993年生まれ。東京工業大学附属科学技術高校情報システム分野、慶応義塾大学理工学部情報工学科をいずれも首席で卒業。研究テーマはHuman-Agent Interaction（HAI）、全脳アーキテクチャなどを通した、人と関わる汎用人工知能の実現。Forbes Japan「日本発『世界を変える30歳未満』30人（Forbes JAPAN 30 UNDER 30 2022）」に選ばれる。著書に『ドラえもんを本気でつくる』『じぶんの話をしよう。』（いずれもPHP研究所）がある。夢はドラえもんをつくること。

日本語ではできた意図を読むことがドイツ語では崩壊したんですよ。ドイツ語の先生と共同研究の中で議論をしたら、「意図を読むなんてドイツ人にはないからね」と言われたんです。

ドイツ人にとっては言ったことがすべてであって、言ってないことはもう情報としてそこにない。はっきり思っていることをすべて言うっていう文化だというんです。それなら、今の大規模言語モデルをベースにした翻訳も、ドイツ語で学習していると意図を読むみたいなところはなくなってくるかもしれません。「ぶぶ漬けを食べていきますか」と日本人ならば皮肉として言ったつもりでも、ドイツ語を介したテクノロジーならば皮肉ではなく「喜んでいただきます」と言って食べる、そういう展開になるかもしれないわけですよね。

須知 みんなで話をしているときに、1人でも関西弁の人がいると全員が関西弁になるという現象がありますが、それがテクノロジーを介して世界的にも起きるのかもしれない。ある言語に人の在り方が規定されていくのかもしれないですね。

大澤 直感的には、機械は道具なんだから人間に合わせるものでしょと思うかもしれないけれど、自動車と道路の関係で言うと、自動車を通すために道路を車道と歩道に分けて、人間のほうが狭い歩道を通る。子どもたちに「車道に出てはダメですよ」と教育して安全を守るわけですよね。科学技術と人間がなじんでいるところには人間もちゃんと適応しているので、

CHAPTER 3-3
MASAHIKO OSAWA × TAKAMASA SUCHI × NOI TATSUZAKI

ならば人間はどこまで歩み寄れるのか見極めるというのが大事なことだと思います。

立崎 私はもともと手を動かすことが大好きで、ロボット作りを9歳のころから始めて、ずっとハマり込んでいました。

ロボット製作中は、自分の部屋にある3Dプリンターが動くと音がするわけですよね。ミーティングしている横でずっとウィーンという音がするので、普通に考えるとジャマな音なのかもしれないのですが、慣れすぎるといつまでも聞いていられるし、見ていられる。むしろ音がしていてくれたほうが安心する存在になってきます。音を聞いているだけで、だんだん動きが想像できるぐらいになってくるんですね。「あの子のモーターが速度を変えたから、今はあの部分を造形中だな」という感覚になります。

須知 今、自然に「あの子」と呼んでいましたね。

立崎 ロボットを作っている過程の中では、たとえばノイズが出るとか、困ったことも起きる。効率化だけを考えるとそれは人間にとってあってほしくないことなんですが、そうした困ったことが起きることによって、それならどうにかしようと試行錯誤が始まって、その過程の中でロボットとの間に共通の思い出ができていくんです。完成したときには愛情が湧いて、友達みたいな感覚が生まれる。モノと人間が対等になるんです。上下関係ではなくて、お互い同じ立場に立ちつつ対話をして、そこから一緒に未来をつくりたいなっていう思いにつながります。

PROFILE
須知 髙匡（すち・たかまさ）

1997年生まれ。2021年3月 慶應義塾大学理工学部機械工学科卒業。幼い頃から宇宙が好きで、大学では、超小型衛星や惑星探査ローバCanSat等の開発に関わる。宇宙エレベーターの昇降機の開発も経験するが、実現のためには資金面と技術面の両輪を回すことが必要と気づき、Zip Infrastructure株式会社を2018年7月に起業。現在は昇降機開発の技術を生かした交通インフラ・都市型自走式ロープウェー「Zippar」事業を行う。Forbes 30 UNDER 30 ASIA 2022選出。

移動は「趣味」の時間
効率化の先に余暇をつくり出す

須知 効率を追求していくと、Zipparの最大のライバルは「どこでもドア」的な技術だと思っていたんですね。Zoomのような遠隔でのコミュニケーション技術が普及したら、もう人は移動しなくてよくなる、結果的にモビリティは不要になるのではという仮説を持っていました。けれどもコロナ禍からの回復でその仮説は無事に棄却されたので、とてもよかったなと思っています。ただ、移動することの価値というのが究極には何なんだろうというところはよく考えないと、アバターロボットなどに負けていくだろうとは考えています。

大澤 効率化だけを求めるとZoomで話ができればいいとか、景色が見られればいい、ということになりますけど、経済合理性や効率といった言葉では言い表せないような、僕らにとって大切なものがそこに眠っていると思っています。科学技術が人を幸せにするために発展しているのだとしたら、発展とともに人の幸せが増えていないとおかしいですよね。

須知 原始時代から比べると現代の技術は本当に数兆倍の発展を遂げていると思いますが、人間の移動できる距離が数兆倍になったわけではなく、いまだに火星には行けない。けれども、今は東京都内から横浜まで1時間程度で行けますが、もともとは横浜行きも十分に観光だったはずです。効率が上がって移動のスピードが上がると、より大きな移動しか観光として捉えられなくなるっていうのがあると思っています。

移動距離で言うと、観光の定義は移動のうちの上位1％程度になる。昔だったら本当に近所を散歩することで

JAPAN TOURISM REVOLUTION

CREATING A HUGE GROWTH
MARKET TOWARDS 2030

も十分に観光と言えたと思います。技術が発展したがために、東京に住んでいる人が横浜に来る程度では観光と言えなくなって、このままいくとリニア新幹線が完成したら「名古屋観光」といった言葉そのものが消失するかもしれない。

大澤 効率化という観点だけだとビジネスにはなるけど幸せにならない感じがしますね。むしろ、旅行のような余暇の時間をつくりましょうと思いますし、移動に1〜2時間かけたり、海外なら十数時間かけたりしてもいい。

僕は「趣味は移動」と言っているんです。移動しているだけで、自分にとってその時間の価値を100%達成してるでしょう。そのほかのことは全部オプションで、その間に眠ったら「寝られた」と言うじゃないですか。自分をこんなにポジティブにしてくれる、移動時間というのは究極の時間なんですよ。

立崎 コミュニケーションもそうですよね。今は翻訳技術がかなり発達してきて、だんだんと言語の壁は小さくなってきているかなと思うんです。けれども、翻訳によって言葉の意味が伝わるようになったうえでもコミュニケーションの不都合が生まれることは本当にないのかと考えると、意外とまだあると思います。その背景が文化の違いだった場合に、不都合はあると想定したうえでそれなら言葉を発しなくても人間はどう思っていてどう行動するか、という意図の読み合いをさらにテクノロジーで補う方向に行くのか。あるいはもう、相手は異質なものだと

あらかじめお互いが理解したうえで共存する策を考えるのか、考えることそのものが面白いです。

大澤 テーマとして旅行のコンパニオンとなる未来のAIを考える場合、執事のように助けてくれる存在と、友達のような存在と比べてどうかという問いがあるとします。これを「ツアーコンダクターと一緒に行く1人旅と、旅行にとても詳しい友達と行く2人旅の違いはなんですか」という質問にすると、みんなで未来を考えやすくなると思うんですね。信頼している、しかもすごく旅慣れている友達と2人で旅行したら信頼感と楽しさとみたいなのが両方あると思えますね、というように。

家に帰ってきたときに人感センサーで明かりをつけることは今の科学技術で実装できていますけど、帰ってきたらエージェントが「おかえり」と言ってぱっと電気をつけてくれるといったシステムにすると、技術的にはまったく同じなんだけれどそのほうがいいよね、って思っています。これまで精度を追求し続けていたモノづくりから、人の心はどう動いてどう幸せになっていくのかというところまで含めて設計された科学技術を社会実装していきたいです。

ロボットテクノロジーは観光資源になりうるのか？

立崎 テクノロジーが入った新しい観光の在り方として、たとえば渋谷のハチ公前に定期的、2週間おきくらいに

新しいテクノロジーを置いて、そこで人間とモノのインタラクションが生まれる場というのがあったらと考えています。そこから新たな技術発展も生まれるし、観光に行くお客さんの側も、これまでは新しい経験を受け取るだけだったのが、データなど何かを「提供する」側になる。さらに新しい情報が生まれて、研究が始まって、またさらに2週間おきに変わっていく……といったことができると観光の在り方も変わってくると思っています。

大澤 それは面白い。実際に、観光客が行列を作っていることが観光名所を成立させている部分もあると思うんですが、それをテクノロジーの力で加速できるようになるとすごいですよね。

立崎 そこでものづくりの世界にアップデートという概念を持ち込みたいんですね。モノを構成する最小単位を作ることができると、何度でも組み替え可能なものができると思うんです。ソフトウェアの世界にはアップデートという概念がありますけど、それがハードウェアの世界でも実現されると思っています。

現在は、工場で働く機械、ハードウェアをアップデートしようとすると、数千万円の機械を10年、20年おきに入れ替えるという概念になっている。それを、ボタン1つ押すとパパパッとモノを組み替えることができる。あるいは組み替え専用のアセンブリロボットがいて、アップデートの際には必要な材料が自動的に集まり、自律的に新しい形になってすぐに使い始められるような。

CHAPTER 3-3
MASAHIKO OSAWA × TAKAMASA SUCHI × NOI TATSUZAKI

PROFILE
立崎 乃衣（たつざき・のい）

2004年生まれ。孫正義育英財団5期生。小学3年からロボット製作を開始。2017年から、アメリカの国際ロボコンFRC出場チームに所属しロボットの設計を担当。チームで6年連続受賞、2022年には個人賞を受賞。Forbes JAPAN 30 UNDER 30 2022に選出。高校卒業後株式会社リバネス モルティング ジェネレーターに就任。2024年6月に株式会社ADvance Lab代表取締役社長CEOに就任。2024年9月から米国のStevens Institute of Technologyに進学。研究と経営の両立を目指す。

単位まで含めて共通のものにしていくのか、もっとこう変化できるようにしていくのか、「規格化」ということにすごく興味があります。

須知 都市計画には不確実な要素があって、人を集める大型商業施設が急にできるということはありますよね。それは自由経済なので起きるときは起きる。だから都市計画に合わない、といった文句を言うよりも、商業施設ができたらそこまでの交通手段をどうするかを考えて、迅速に、柔軟に対応するにはどうするかということを僕たちは真剣に考えるべきだと思っています。

現在の交通システムの基本はやはり道路と自動車です。僕は鉄道がかなり好きなので残念なんですが、基本は鉄道ではないんですよね。道路という、どこでも自動車が行き来できるシステムっていうのは非常にすごいし、効率もよい。一方で、道路はかなり土地を必要とします。都市の面積の3割程度が道路なんですよ。

それならば、多層化させましょうという議論が起きてくるので、地下鉄や高速道路になるわけですが、多層化というのはとてもお金がかかる。そこでロープウェーの利点は、スキー場に設置しようと思えば夏のシーズンの間に建設が終わるぐらい短期間で造れることなんですが、カーブを曲がることができなかったのでこれまで都市に実装されることはありませんでした。Zipparは、ロープウェーベースのシステムとして短期間で建設できるという利点を引き継ぎつつ、曲がることができるという特徴がある。都市の観光領域でも役立てると思っています。

大澤 日本は人とロボットの共存というところに関してはうまい気がしています。世界でもっとも早く人とAIが共存する未来の世界ができて、AIと人間が寄り添っている姿を観光という形で見に来る人がいて、「それもありだな」と思ってもらえるなら、そういう未来にチャレンジしたいと思いますね。

立崎 私はロボットやテクノロジーと人が共存する未来をつくりたいし、それも人間とロボットの境界をなくすような同じ方向性を目指すというよりも、お互いに違うものと認めながら共存する方向性がよいと思っています。それぞれ個性がバラバラだけれども、あらゆるものが違う存在だと認め合いながら一緒に暮らせる空間をつくっていきたい。

観光というのはこれまで出会わなかった人たちが出会う場なので、それを実験を行っていく場にすることで、人間と機械が共存する未来を目指す最先端の場所になると思うんです。差異を普段よりも強く認識するからこそ、得られるフィードバックがある。観光をただ面白いで終わらせるのではなくて、いかに新しい技術を生み出して、後世につないでいくにはどうするかということも考えたいですね。

須知 技術が社会にとって完全に実装されると、その名前自体を失うということがよく起きます。AIがAIという名で呼ばれずに何かの一部になるわけですね。そうならずに技術そのものが観光の対象となっているような状態は、技術者としては満足してはいけないことだと思うんです。ですからすっかり溶け込むことがある地域で成立しているのであれば、他の地域でもそうなるように努力し続けていきたいですね。

レストラン業界で先駆的なサステナブル経営を実現

大義名分の下でつくられた 精神と文化こそ生き残る

環境や社会のための事業を行っている企業に発行される国際的な民間認証「B Corp」を、
日本で17社目に取得したのが、株式会社イノベーションデザインだ。
同社が展開するレストラン、カフェ、お土産ショップは、サステナビリティやトレーサビリティに敏感な
外国人観光客の来店や外資系企業のパーティが相次ぐ。ホテル再生や飲食業で経験を積んだ、
同社代表の石関太朗氏がたどり着いた答えとは。ヒントは、古来の日本文化と精神にあった。

Photo: Shinya Nishizaki　Text: Toru Uesaka

石関 太朗

株式会社イノベーションデザイン 代表取締役

人のマインド変革と 手痛い失敗からの学び

　起業する前に10年間勤めたホテルやレストラン、ブライダル事業を運営する会社では、うまくいかない店を再生させる経験をたくさんしました。キーポイントになるのは、"人"の改革です。ホテルも店も、働く人ですべてが変わります。

　独立後、しばらくは事業再生のコンサルティングを手がけていた時期があります。エイチ・アイ・エス創業者の澤田秀雄さんとのご縁で長崎のハウステンボスのサポート業務を皮切りに、その後は日光金谷ホテル、帝国ホテル大阪など、学生時代から憧れていた

ホテルの再生に関わらせていただきました。どこでも、やっていたことは基本的に同じです。人のマインドを変える。モチベーションを変える。そして成功体験を味わってもらう。

　とくに赤字だったり、長くうまくいっていない時期が続くと、働いている人たちはどうしてもネガティブ思考になってしまいます。うまくいかないのは会社のせい、上司のせい、店のせい、環境のせい、と、次第に他責になっていく。

　しかし、それは本当に会社のせいなのか。上司のせいなのか。もしかしたら、自身に問題があるのではないか。そうやって整理をしてあげると、自責の心が芽生えます。自分を変えていくと、結果も少しずつ変わってい

く。成功体験ができるようになる。

　大事なことは、働く人たちの自分の中のメンタリティ改革です。この改革をやっていかなければ、実は仕事にならない。そしてやってみて結果が出ると、1＋1が2ではなく、4にも10にもなることに気づける。大きな結果が生まれる。

　リーダーが取り組まないといけないのは、どこに問題があるかを探り、どうすれば解決できるかを考えること。そして、こうすれば絶対にうまくいく、と言い切ることです。そのイメージをスタッフと共有して、夢を見させてあげること。それを根気よく粘り強く続けていく。

　実は日本人には日本のよさがわからないように、それぞれの施設や店は

JAPAN TOURISM REVOLUTION
CREATING A HUGE GROWTH MARKET TOWARDS 2030
Chapter 3-4

　自分たちのよさがわかっていないことが多い。その価値を理解することができれば、自信を持って仕事に取り組めます。メンタリティもモチベーションも大きく変わる。

　かくいう私自身は、実は独立後、手痛い失敗をしています。スリランカでホテルを造るというプロジェクトでした。私はスリランカ出身の世界的建築家ジェフリー・バワが大好きで、作品にほれ込んで何度も通うようになりました。知り合いから誘われたホテル造りでは、最高の立地を獲得することができました。東京で言えば、新橋と有楽町の間くらいの場所。間違いなく成功すると思いました。しかし、これがすべての失敗の始まりでした。

　まずはソロバンをはじき、半年で投資が回収できる、これのみを優先順位を高く考えてしまった。どうして日本人が現地でホテルを造るのか、その大義名分がなかったのです。過去の経験を生かせば儲かるに違いない。そんなことばかり考えてしまった。しかし、これでは周囲の人々を動かすことはできないと悟りました。

　日本では１カ月ほどでできる作業が３カ月、半年と、まるで進まず、投資額はどんどん膨らんでいく。カントリーリスクと言ってしまえばそれまでですが、実際にはチームをまとめ切れませんでした。現地スタッフだけでなく、日本人スタッフも。

　スリランカで何がしたいのか、このホテルをどんな存在にしたいのか。必要だったのは、目標を設定するための指針でした。それが欠けていたのです。

己を正し、足元から変える　サステナブル経営へ

　折しも日本では、私はレストランを展開しようとしていました。そんなとき、ニューヨークに住む知り合いのコンセプトデザインの会社の経営者が、「今のニューヨークを見ておいたほうがいい」と誘ってくれました。2019年のことです。そこで目にしたのが、日本よりはるかに進んでいたサステナビリティへの取り組みでした。

　スーパーマーケットで普通に売られている魚に、「産地はどこなのか」「誰

JAPAN TOURISM REVOLUTION
CREATING A HUGE GROWTH MARKET TOWARDS 2030

が水揚げしたのか」が明記されていました。トレーサビリティが、きちんと担保されていたのです。働いている人たちも食材のことを熟知しているし、環境負荷低減のための取り組みも当たり前。

知り合いは、こういった世界を感じてほしかったのだと気づきました。いずれ日本もこうなっていく。そしてこれは、正しい方向ではないか、と。このとき、スリランカの失敗が浮かびました。大義名分のない取り組みがうまくいかなかったこと。ここで自分自身の志に一本、筋が入ったんです。

「修身斉家治国平天下」という言葉があります。中国古典の『礼記』にある「大学」の一節で、天下を治めるには、まず自分の行いを正しくし、次に家庭を整え、次に国家を治め、そして天下を平和にすべき。福沢諭吉の『学問のすゝめ』でも紹介されていますが、まずは己を律しなければならないということ。そうでなければ、世の中はよくならない。

まずは、自分の足元から変えていく。その信念で、会社をどう表現していくかを考えました。それが、2019年にスタートさせていた横浜の新しいホテルの最上階35階にあるレストラン「KITCHEN MANE」を変えていくことでした。

サステナビリティという言葉に出合って、社会課題について勉強したいと思いました。ところが、SDGsについてまともに記した書籍は当時、わずか3冊ほどしか見当たりませんでした。何とか読みましたが、概論が多く、実業の情報がほぼない。

そんな折、幸運な出会いがありました。たまたまレストランのある横浜で、「サステナブル・ブランド国際会議」が2020年に開かれることに。何という幸運かと思いました。社員3人で10万円以上という費用がかかりましたが参加を決め、分担していろいろ見聞きしてくることにしました。

そしてこのとき1人の社員が、石井造園社長の石井直樹さんの講演を聞いたのです。すごい人がいる、と。同社は2009年からサステナビリティ対応を推し進め、世界基準の取り組みをしていました。獲得率2.5％というきわめてハードルの高いサステナビリティ基準の国際認証「B Corp」を日本で2番目に取得。まさに本物です。

本物を学べば、本物に近づけると思いました。本当に幸運でしたが、話を聞かせてもらうことができました。石井さんは造園、私たちは食でしたが、このとき感じたのは、業種に関係なく、サステナビリティへの取り組みは進められるのだということ。扱い商品への考え方、社員への対応、地域住民とのつながり。教科書のようにヒントをもらい、さらに石井さんからはたくさんの方をご紹介いただきました。

知識の習得は得意ではありませんが、私たちが得意なのはスピード、パワー、行動力です。教わったことをすぐに実践すると、これを周りの方々が面白がってくださって信頼関係がますます深まることになりました。

PROFILE
石関 太朗（いしぜき・たろう）

1975年群馬県生まれ。ホテル・飲食店運営会社勤務を経て、2010年に株式会社イノベーションデザインを起業。観光施設の事業再生や国内ホテルへのコンサルティング事業などを行う。2020年から『ひと』と『地球』の未来を描く」をビジョンに掲げ、持続可能なレストランを目指す「KIGI」（東京・永田町）、「KITCHEN MANE」（横浜・馬車道）などを運営。2021年にサステナビリティに配慮したレストランを評価する「FOOD MADE GOOD」三つ星獲得。2022年12月にB Corp認定。

CHAPTER **3-4**
TARO ISHIZEKI

国際認証にインバウンド客や外資系企業が注目

石井さんとの出会いによって私たちの中には、国際認証 B Corp の取得という目標ができました。その理由はシンプルで、日本の飲食業でこの認証を手にするのはきわめて難しいと思ったからです。残業や休日の問題がつねに問題視されるなど、日本の飲食業は「ブラック企業」という印象を持つ人も少なくありません。B Corp を取得するには、ホワイト企業に変わらなければいけない。

逆に言えば、国際的な認証をもらえたら、日本の飲食業界に大きな風穴を開ける可能性がある、と。

そこで、社内に「サステナブルデザイン室」という部署を設け、推進してくれる社員には「サステナブルデザイナー」と肩書を付けました。自律的な取り組みの意識づけと、職務への誇りを持ってもらうためです。

働き方を変えるだけではありません。地域コミュニティとの関わり、そしてもちろん提供する商品も変えていかなければいけない。私たちが今、提供しているのは、約8割が野菜を中心としたヴィーガン料理です。動物性食品も約2割扱っていますが、環境問題や社会課題解決に対応した商品であることが問われます。

野菜も魚も環境問題に配慮したものでなければなりません。たとえば、半径80km圏内で収穫された野菜を中心に使用する。魚は環境負荷の小さい伝統的な漁法で獲れた天然の魚。牛肉はほとんど使わない。

飲食店としては、大変なチャレンジです。新型コロナウイルスにより営業ができなくなったことは飲食業として大変な逆風でしたが、反面幸運だったのは、どうやって難題を乗り越えていくか、スタッフみんなと考える時間をつくれたことです。

未利用魚を料理に使うアイデアは、このときに生まれたものです。漁業では、せっかく獲れたのに、市場に出回らずに捨てられてしまう魚がたくさんありました。それをまとめて送ってもらう。メニューは、来てから考える。シェフは大変ですが、これこそまさに腕の見せどころだと言ってくれました。

英国に本部があり、日本支部の日本サステイナブル・レストラン協会が認定する格付けプログラムで、2021年に三つ星を獲得しました。日本ではそれまで、三つ星を取ったレストランはありません。続いて、目標としていたB Corpも取得することができました。

サステナビリティへの取り組み、また国際認証の取得は、レストランとして大きなインパクトになりました。たとえば日本の飲食店では、ヴィーガンに取り組んでいるところは少なく、それを知っているインバウンドのお客様もいらっしゃいます。

B Corpの認証企業も、日本ではまだ46社（2024年11月現在）と少ない一方、英国や米国では数千社の規模になります。実際、外資系企業ではB Corp認証を持っているからと、うちでパーティの予約をしてくださるケースも少なくありません。B Corp認証を持っているところを探してみたら、ここしかなかった、と。

ヨーロッパでは、スーパーマーケットの中にB Corp認証企業コーナーまである。そのコーナーで買えば、ユーザーは安心して商品を手にできる。もはや、欧米では、ここまで来ています。正直、日本は遅れている、と感じている外国の人たちは少なくないと思います。企業も人もサステナビリティを問い始め、食の安全や社会との関わりを知りたがっている。いずれ日本でも、こうした動きは加速していくと思います。

インバウンド客は日本の「本質」を求めている

コロナ禍を経て、日本に来る観光客は再び急増しています。インバウンドの目的の1つは、日本の食だという声が聞こえてきます。安くておいしい日本の食を求めて、彼らはやって来ているというのが定説です。

しかし、私はそうは思いません。彼らはもっと本質を見ていると思います。実はサステナビリティの原点は、日本そのものにあるということです。たとえば、江戸時代の人々の生活は、物を捨てない、もったいない、足るを知る循環型経済で、コミュニティを大切にする――このような知恵を働かせていました。海外からの意識ある旅行者は、実は東京を見に来ているのではなく、江戸文化を見に来ている気がします。

JAPAN TOURISM REVOLUTION
CREATING A HUGE GROWTH MARKET TOWARDS 2030

観光の語源は、「国の光を観る」だといわれています。国の光とは、文化であり、民族であり、人です。観光地も食も、文化そのものです。

ただ、神社仏閣が象徴的ですが、今、有名な観光地になっている神社やお寺は観光目的で造られたわけではありません。別の大義名分があって、造られたものなんです。それが、歴史を経て、観光の材料になったということにすぎない。

逆に、観光目的でつくったものは、絶対に廃れると私は思っています。それは、「国の光」ではないから。文化ではないから。日本人として、あるいは地球人として大義名分のないものが、人々を引きつけるとは、とても思えない。

世界の人々が感動するような観光の材料は、一朝一夕でできるものではないんです。日本へのインバウンドは、日本の歴史を、文化を観に来ているんです。もっと言うと、先人たちが「あの国に行くとすばらしいぞ」といわれるだけの民族モラル、文化構築をしてくれたからこそ、日本の観光人気は高まったんです。

それは、私たちがつくった財産ではなく、これまでの日本人がつくってくれたものです。だから、私たちが強く意識すべきは、そこに甘んじてはいけないということです。後世に残せる文化や歴史を、どうつくれるか。どう生み出していくか。それを問う必要があるんです。

経済とは、「経世済民」のこと。これはお金を回すという意味ではなく、ここにいる人たちが豊かになることを意味しています。唯物主義で物質社会を回すことが経済なのではありません。そんなことばかり考えていたから、地球環境問題が起きてしまった。

そして日本人は、そうではない本当の経済、「経世済民」を知っていると私は思っています。精神主義も重んじた経済です。唯物主義、物質主義と精神主義とが和合できる仕組み。それが今、求められています。

わかりやすいのは、千利休です。私はお茶をやっていますが、改めて利休という人のすごさを思います。彼が始めたのは、ただお茶を点てて飲んでもらうだけ。ところが、禅の教えとも和合され日本の1つの文化となり、加えてお金を回す仕組みまでつくった。

たとえば、陶器。優れた陶器の産地は全国にたくさんありますが、お茶が広まったからこそ、そうした産地は知られるようになったんです。お茶という文化が広まって、陶器という産業が大きくなっていった。

それこそ、茶器1つが城に匹敵する、なんていうエピソードもあります。今のお金で言えば、数億円もするような茶器も世に送り出された。しかしこれは、利休が師からの教えをしっかりと受け入れ、己の中で守破離を展開させ、お茶という文化を広めたからです。ただの土が、粘土が、とんでもない価値を生む。しかもそれは歴史となり、今も取引される。とんでもない値段を付けて、世界の人たちが手に入れようとする。

利休は大きなヒントを後世に与え続けてくれていると私は感じます。「精神」も取り入れた発信をすることで、それが本当の意味で経世済民ということになると思います。物質社会ではなく、精神社会も結ばせたことで表現ができるのが、日本人です。それを今の日本人は、原点回帰すべきことと私は考えています。

JAPAN TOURISM REVOLUTION

Chapter
4

人財育成

人手不足を乗り越え次世代の活躍を促す

少子高齢化による人手不足は、「マンパワー」が必須であるサービス産業にとって深刻な課題だ。業務を切り分け、自動化やAI、ロボティクスで代替する生産性向上も不可欠だが、どうしても人の手でなければ成しえないおもてなしやホスピタリティ、クオリティは、観光産業にとっての大事なコアバリューと言える。

さらに、日本のホスピタリティ産業で課題となっているのは、マネジメントを担う経営リーダー層の戦略的な育成だろう。

最後のチャプターでは、マンパワーとしての「人材」の確保と同時に、ハイクオリティなサービスができるスペシャリストや次世代のマネジメント層となる「人財」をどのように育成していくか、グローバルなホテルチェーンと日本のホテル業の最新の取り組みを紹介するとともに、大学機関での観光関連の教育を紹介していく。

JAPAN TOURISM REVOLUTION
CREATING A HUGE GROWTH MARKET TOWARDS 2030
Chapter 4-1

個性や「自分らしさ」を隠さず働く
ユニークなブランドやカルチャーが若く優秀な人たちを引きつける

「インターコンチネンタル」「クラウンプラザ」などラグジュアリーからミッドスケールまで、日本で8ブランド47ホテル（2024年9月現在）を展開するIHGホテルズ&リゾーツ。訪日客増加を見込み、数年で運営ホテルを倍増させる計画だ。そのためには人材の採用や育成、そして定着が欠かせない。ホテル業界の人材不足が懸念される中世界有数のホテルグループはどう対応しているのか。日本を統括するアビジェイ・サンディリア氏は、優秀な人材の獲得には「凝り固まった環境からの解放」を提案する。

Photo: Shinya Nishizaki　Text: Hiroshi Sakata

アビジェイ・サンディリア

IHGホテルズ&リゾーツ マネージング・ディレクター、日本&マイクロネシア
IHG・ANA・ホテルズグループジャパン 最高経営責任者

CHAPTER 4-1
ABHIJAY SANDILYA

世界でもっともユニークな日本 年6000万人は達成可能

日本政府観光局によれば、2024年3月以降、5カ月連続で訪日外国人は毎月300万人を超えました。新型コロナウイルスのパンデミック前の2019年と比較しても、10%近く増加しています。ただ、私はこれは始まりにすぎないと考えており、今後、さらに訪日外国人は増えていくだろうと予想しています。なぜなら、日本は世界の中でももっともユニークな国だからです。日本を訪れたい外国人は年々増えており、とくに、中国、アメリカ、オーストラリアでは、日本は非常に人気の高い海外旅行先です。

では、日本のどのような点がユニークなのか。たとえば、東京は誰もが楽しめる都市です。ミシュランから星を与えられたレストランの数が世界で一番多く、1食5万円のコース料理を堪能することもできれば、1000円でおいしい料理を食べることもできます。

明治神宮を散策して日本の歴史や文化に触れ、静謐さを感じた後に、少し歩いて原宿に行けば、近代的な竹下通りでマンガやアニメ文化などを楽しむこともできます。まったく異なる体験をこれだけ近い場所でできるのは日本だけであり、ほかの国にこうした場所はあまりありません。

私は日本に来て2年以上になりますが、いまだに新たな発見の連続です。吉祥寺に行けばジャズ文化を味わえ、さまざまな料理を提供するレストラン や居酒屋があります。下北沢に行けば、劇場や古着屋など、また違った文化を楽しめます。東京のメニューカードは非常に長く、これほど深さと多様性がある文化を体験できる都市を私はほかに知りません。

また、訪日外国人は日本各地を探検してみたいと思っていますが、日本にはそれを可能にする交通機関をはじめとしたインフラが備わっています。安全性が高く、しかも清潔です。日本は世界で一番清潔な国であり、それも日本の大きな魅力の1つです。

また、「おもてなし」はホスピタリティ業界にとって中核的なコンセプトだと思っています。「omotenashi」は、すでに英語になっており、どんな意味でどのようなサービスを指すのか、外国人の多くが理解しています。英語の辞書に「omotenashi」が掲載されるのも、そう遠いことではないでしょう。

こうしたことから、2030年までに訪日外国人を年6000万人にするという日本政府が掲げている目標は、十分に達成可能だと私は考えています。

外国人投資家の意欲は旺盛 日本市場の成長はこれから

オーバーツーリズムが問題視され始めていますが、日本が訪日外国人6000万人を達成したとしても、ヨーロッパには8000万人以上の観光客を迎えている国もあります。ですから、日本にとって6000万人が多すぎるとは思いません。他国と比較すると実 際の観光客数はかなり少ないのです。

オーバーツーリズムを解決するには、集中する観光地から日本各地の観光地に分散させることが有効なのではないでしょうか。日本には全国各地にそれぞれの歴史や文化があり、外国人が訪れたくなる自然や建造物が多数存在します。北海道ではスキーを楽しめますし、沖縄ではビーチを楽しめます。そこに行く交通機関も整っています。官と民が協力して日本のマーケティングを強化し、東京や京都だけでなく、日本各地の観光地を外国人に紹介、提案することが大切なのではないでしょうか。

私たちは2019年に温泉都市、大分県別府市にラグジュアリーホテルを開業しました。外資系のラグジュアリーホテルはこの地でははじめてでしたが、外国人からも非常に好評で成功しています。

現在、日本はホテルマーケットとしては世界第3位で、客室が約170万室あると言われています。しかし、世界的にビッグ5と言われているホテル運営企業の客室数はそのうちの5%以下にすぎません。他国では、ビッグ5の客室数が全体の30～40%を占めていることを考えれば、日本は外資系ブランドにとってまだまだ客室を増やす余地のあるマーケットなのです。

私たちIHGには、ホテルビジネスが成長する可能性が高い、いくつかの優先市場があります。日本はそのうちの1つです。IHGは日本において60年以上の歴史と実績があり、IHG・ANA・ホテルズグループジャパンという

special issue No.14 **Think!** | 97

JAPAN TOURISM REVOLUTION
CREATING A HUGE GROWTH MARKET TOWARDS 2030

ジョイントベンチャーもあります。東京のサポートセンターには70人以上のメンバーが在籍しており、これだけの人材を投入しているのも、日本のホテルマーケットが今後も成長を続けると信じているからです。

日本は現在、外国人投資家にとって投資しやすい国です。世界でもっとも資本コストが低い国の1つであり、円安の影響もあって、実際、外国人投資家の日本に対する投資意欲は非常に旺盛です。既存のホテルのオペレーションも順調で、客室料金の上昇に伴い、業績も伸びています。高いリターンが望めると考える外国人投資家は、日本のホテルに投資をしたいと考えています。そして、このトレンドは今後ますます高まっていくことでしょう。

私たちも、ジョイントベンチャーをスケールアップするなど、いろいろな取り組みを行い、日本でのホテル数を現在の2倍にしたいと考えています。ホテルに宿泊したいお客様が増え、ホテルという不動産への需要も高い。ホテルへの投資も安くできる。三拍子そろっています。これは、日本のホテルマーケットにとって100年に1度の好機かもしれません。

私が社会人になってから、日本が8番目の国ですが、自分のこれまでのキャリアを振り返ってみても、日本の現在の勢いはすごいと感じています。私はかつてドバイでコンサルティングの仕事をしていましたが、そのときのドバイも世界から注目を集めており、投資したい投資家が数多くいました。しかし、ドバイは一都市にすぎません。日本は国全体に勢いがあります。外国人投資家がこれだけ日本のホテルマーケットに興味関心を持っているのは本当に驚きです。市場規模を考えても、経済規模を考えても、投資規模という点でも、日本のホテルマーケットに大きなよい流れが来ていることは間違いないのではないでしょうか。

「自分らしく働ける」環境が働く人に安心感を与える

ホテルをはじめ航空会社など観光業界、ホスピタリティ業界の企業は労働集約型のサービスを提供していますので、人材不足は大きな課題です。人材不足を補うために、まずするべきは効率性を高めること。人間でなくてもできる反復作業などは、生成AIなどテクノロジーを駆使していくことになるでしょう。

しかし、5年後、10年後、AIがどんなに進化したとしても、人と人の交流がAIに取って代わられることはありません。ホテルの現場で良質なサービスを提供するためには優秀な人材が必要不可欠です。

そのための1つの方法として、日本以外の国から労働力を確保することが考えられます。仮に日本語が話せなくても、お客様の言語が話せれば、サービスを提供することができます。お客様の言語でコミュニケーションがとれることは、メリットでさえあります。その点ではホテルは優位な立場にあると言えるかもしれません。

外国人を雇用し、日本の文化などを教えながらトレーニングを行い、働いてもらう。実際、ホテルインディゴ東

大分県初の外資系ラグジュアリーホテル「ANAインターコンチネンタル別府リゾート&スパ」。テラスからは別府市内が一望できる。アメニティーやインテリアには地元の素材を使用
©IHGホテルズ&リゾーツ

CHAPTER 4-1
ABHIJAY SANDILYA

京渋谷は2023年に開業し、成功していますが、そこで働くスタッフの中には、ワーキングホリデービザで1年間日本に来ている人たちがいます。英国とニュージーランドから来ている2人で、ホテルで働きながら日本各地を旅行しています。こうした人たちに働いてもらうことでも人材不足を補うことができます。日本のことが大好きな若者は世界中にたくさんいますので、そうした人たちにも働いてもらいたい。

また、優秀な人材を確保するためには、ユニークな企業文化をつくることが何よりも重要だと考えています。LGBTQ+の人でも、子どもを産んで職場復帰する女性でも働けるように、フレキシブルな労働時間を提供するだけでなく、自分らしく働くことができる環境をつくりたいと考えています。誰もが「自分らしく働ける」と信じられるようになると、その環境に安心できます。すると、「ここにいたい」「ここで仕事を続けたい」と思うのではないでしょうか。

社員育成プログラムの1つにゼネラルマネジャー（GM）になるための18カ月に及ぶトレーニングプログラム「Journey to GM」があります。対象は、将来GMになりたい意欲ある社員たちです。

「IHGユニバーシティ」は、社員のための学習プラットフォームで「スクール・オブ・ホテルマネジメント」と「スクール・オブ・ホスピタリティ」「オーナー・ラーニング・ソリューションズ」「スクール・オブ・ビジネスパフォーマンス」の4つのコースがあり、どれも独自のカリキュラムで構成され、さまざまなことが学べます。

ホテル現場スタッフとコーポレートをつなぐ施策も

ホテルで働く女性社員のために、「RISE（ライズ）」と呼ばれる育成プログラムを、2018年に創設しました。日本では、女性が管理職として活躍しづらいという課題がありますが、私たちのホテルの総支配人の約20％は女性です。今後、さらに多くの女性に総支配人や幹部を担ってもらいたいと考え、勇気を持ってキャリアアップを目指す女性を支援するプログラムが、このRISEです。

対象者はマネジャー以上で、部門長やGMになりたい、キャリアアップ志向を持っている女性社員です。

具体的には、プログラムに参加している女性社員にメンターを就け、あらゆることを相談できるようにしています。女性社員が潜在能力を最大限に発揮できるよう多種多様な支援を行うのです。実際、2023年5月にプログラムを修了した第1期卒業生から、ホテルインディゴ軽井沢など、いくつかのホテルの総支配人が誕生し、現在も活躍してくれています。2024年にも、12人がプログラムを修了しました。優秀な女性はたくさんいますので、どんどん活躍してもらいたいですし、活躍する先輩たちを見て、「育成プログラムがあるなら、自分にもできるかもしれない」と思う女性社員が増えることを期待しています。

また、女性がキャリアアップするためには、そのパートナーである男性がそれを理解し、サポートする必要もあります。男性のちょっとした意識改革も必要なのです。

私の妻はエネルギー企業に勤めて

PROFILE

アビジェイ・サンディリア（Abhijay Sandilya）

1985年インド・ムンバイ生まれ。2007年エラスムス大学ロッテルダム経営大学院修士号取得（MBA）。ホテルコンサルティング会社など世界7カ国での実務実績を経て、2016年IHGホテルズ＆リゾーツに入社。2019年オーストラレージア＆日本の開発ヴァイスプレジデントに就任。2021年日本＆マイクロネシアのマネージング・ディレクターならびにIHGのジョイントベンチャー会社IHG・ANA・ホテルズグループジャパンのCEO（最高経営責任者）に就任。フランス出身の妻と2人の子どもたちと東京に在住。

JAPAN TOURISM REVOLUTION
CREATING A HUGE GROWTH
MARKET TOWARDS 2030

図表 IHGホテルズ&リゾーツ　育成プログラムの一例

プログラム名	狙い・概要	対象者	期間
Journey to GM	将来のGMを育成	将来のGM希望者	18カ月
IHG ユニバーシティ	個人が参加できる学習プラットフォーム 自身のスキルアップを実現 右のように❶〜❹の4コースあり	❶ スクール・オブ・ホテルマネジメント ❷ スクール・オブ・ホスピタリティ ❸ オーナー・ラーニング・ソリューションズ ❹ スクール・オブ・ビジネスパフォーマンス	とくになし
RISE	キャリアアップを目指す 女性を支援	マネジャー以上のキャリアアップ志向の女性	1年
LINK	コーポレートと ホテル現場の意見・情報交流	推薦されたホテルスタッフと本部メンバーの 混合チームで開催	とくになし

おり、日々、忙しく働いています。ですから、私が週に何回か、子どもの送り迎えをしています。妻の帰宅が遅くなるときは、私が早く帰って夕食の支度をします。私にもできるのだから、皆にもできるはず。リップサービスではなく、実際にできることを見せることで、女性も男性も自分らしく働くことの魅力が伝わり、いつしかそれが当たり前になります。当たり前になって誰も気にすら掛けなくなる。そんなふうになれればいいと思っています。

「LINK（リンク）」は、ホテルで働くスタッフとコーポレートオフィスのリーダーを結びつけることを目指したプログラムです。たとえば、現在参加しているメンバーは、ホテルの総支配人が2人、Journey to GMに参加しているホテルスタッフが2人、ファイナンスのダイレクターが1人、人事部のダイレクターが1人、総勢6人です。

将来、ホテルの中核メンバーとなっていく人たちとコーポレートオフィスの

リーダーとがよりつながりを持ち、さまざまなアイデアを出し合って、それを実践していくプログラムとなっています。

たとえば、まずホテルの現場から「こんなことをやってみてはどうか」といった提案が出され、それを実際に実践します。その実践結果を踏まえて議論を行い、うまくいったものはほかのホテルにも展開していきます。逆に、コーポレートからホテルの現場に提案や課題を出すこともあります。

参加者は、将来、ホテルを担っていくリーダーたちであり、推薦をもらって参加しているので、情熱を持ってこのプログラムに取り組んでくれています。現場の声をホテル運営に反映させることができるだけでなく、次世代のリーダーが考えていることも認識できます。このプログラムは非常に有効に機能していると実感しています。

Journey to GMとIHGユニバーシティは、グローバルに展開されているプログラムであり、RISEとLINKは、

オーストラリアでスタートし、その後、日本や他のアジア諸国にも導入しました。RISEは、現在はグローバルに展開されています。

バックオフィス業務は 人口の多い国外チームに

IHGでは、インドとフィリピンにバックオフィスがあり、現場をサポートするチームがあります。たとえば、ファイナンシャルビジネスセンターでは、経理関係の業務を担っています。経理担当者を雇用するのが難しい北海道や大分のホテルの経理業務は、この国外チームに任せています。

さまざまな分析業務やマーケティング、テクノロジー開発、レベニュー管理などを担うチームはマニラにいます。インドやフィリピンは人口が増えていますので、人材不足を心配する必要はなく、業務を一元管理することで効率

CHAPTER 4-1
ABHIJAY SANDILYA

好きな色の髪の毛にしたり、腕に鮮やかなタトゥーを施したりしたホテルインディゴ東京渋谷のスタッフ。一人ひとりのスタイルを個性として尊重している
©IHG ホテルズ&リゾーツ

化できます。

　人口減少は日本だけの問題ではなく、ヨーロッパにおいても、スピードは日本よりもやや緩やかですが、人材不足が進んでいます。そうしたことも踏まえ、人口が増えている国にバックオフィス業務に特化したチーム体制を整備しているのです。こうしたことができるのは、グローバルにホテルビジネスを展開しているメリットだと言えるかもしれません。

　人口減少が進む国で、優秀な人材を確保し続けるのは簡単なことではありません。重要になるのは、やはり企業のブランドやカルチャーなのではないでしょうか。

　若い人たちは、ブランドやカルチャーに魅力を感じた会社で働くことを望んでいます。ホテルの若いスタッフと話をすると、「ブランドのイメージやカルチャーが好きだからここで働いている」と言う人が多くいます。

　ホテルで働くスタッフの中には、髪の毛がピンクだったり、腕にタトゥーを入れていたりする人もいます。自分の個性を何ら隠すことなく働いています。私たちもそれを認めています。

　自分らしさを出すことが認められ、自分の個性を発揮できる職場環境であれば、そこで働きたいと思うのではないでしょうか。お金を稼ぎながら自分らしく、楽しく生活できるのであれば、若者はそこで働き続けるでしょう。リーダーもそうした若い人たちが個性を発揮するのを見守り、時にアドバイスを送っています。

　こうした働き方ができるのも、私たちのブランドの力であり、カルチャーだと思っています。

　東京のコーポレートオフィスには、社長室や部長室があったのですが、先日、すべてオープンなオフィスに改装しました。「みんな公平なんだ」ということを示したかったからです。これも私たちのカルチャーの1つです。

　現在、1年間に約10のホテルがオープンしています。それだけ新しいチャンスが増えているわけです。私たちの親世代であれば、50代にならなければ役員になれなかったかもしれませんが、今は小規模のホテルであれば30代前半で総支配人になれます。辛抱強く耐え抜かないとキャリアアップできないという時代ではないのです。

　私たちの職場であれば、自分らしく働くこともできるし、キャリアアップもできるし、グローバルで活躍することもできます。これまでの古い凝り固まった考え方から解放されたカルチャーこそが、若い人たちを引きつけるのではないでしょうか。

JAPAN TOURISM REVOLUTION
CREATING A HUGE GROWTH MARKET TOWARDS 2030

Chapter 4-2

他流試合の経験から未来への展望を導き出す
観光業界が直面する最重要課題「次世代育成」の実践

観光業界にとって、次世代リーダーの育成は喫緊の課題だ。そこで日本能率協会（JMA）は、「観光立国を担う次世代が考える新たなホスピタリティ業界の在り方」をテーマに、若手リーダーが企業の垣根を越えて研鑽し合う「ネクストリーダーズ」を主催している。参加企業の経営層とファシリテーターが次世代育成戦略を語り合った。

Photo: Yojiro Terasawa　Text: Hiroshi Sakata

藤崎 斉
日本ホテル株式会社
東京ステーションホテル
常務取締役 総支配人

木曽 博文
株式会社 ホテル、ニューグランド
取締役 営業本部長 総支配人

德江 順一郎
東洋大学 国際観光学部
大学院国際観光学研究科 准教授
ネクストリーダーズ 総合ファシリテーター

PART 1 東京ステーションホテル 藤崎 斉 氏

「石の上にも三年」は死語？ 選択肢を用意し多様性を高める

徳江 ホスピタリティ業界において、大きな課題の1つが「人材不足」です。

藤崎 私は人材の課題は大きく2つあると考えています。1つが「人材」の不足で、働く人そのものが足りないという大きな課題。もう1つが「人財」の不足で、これは仕事に付加価値を生み出していくという、ホスピタリティ業界に入ってきてくれた人材を人財に成長させていくキャリア育成という側面の課題です。

徳江 ボリュームの課題とクオリティの課題と言い換えることができるかもしれません。まずボリューム面の人材不足について聞かせてください。

藤崎 人材不足がとくに深刻なのが地方です。JRグループホテルは日本全国にありますが、大都市と比べると、地方のホテルで人材募集がより困難に思います。

徳江 職種によっても状況が違うのではないですか。

藤崎 部門間比較をすると、一番苦労しているのが調理部門、中でも和食の調理人が不足しています。次が料飲（FB）部門でしょうか。人材不足という課題に対しては、どれだけ若い人たちに観光業に目を向けてもらい、業界に入ってきてもらうかに尽きます。

訪日外国人による国内消費の側面から、観光業はこれからの日本経済を支える輸出産業でもあり、今後、さらに成長が期待できることを伝えていくことがもっとも大切だと考えています。またシニアの活躍や特定技能実習生の積極的な受け入れも含めて多様な働き方が必要です。

徳江 採用における変化などはありますか。

藤崎 正社員は新卒を含めて本社が採用していますが、採用基準を少しずつ現状に合うように改めています。契約社員やアルバイトの採用は各ホテルが行いますが、実際に働いてもらって優秀な人がいたら、キャリア採用としてどんどん正社員に推薦する制度になっています。

徳江 人材を人財に育成する面での課題についても教えてください。

藤崎 まず、現在の若い人たちには、私たちが育った時代の「石の上にも三年」はなかなか理解されなくなってきました。向き不向きや、やりたい仕事かどうかを1年で判断する傾向も見受けられます。そこで、大卒の新入社員には、現在複数のホテルプロパティを回ってもらい、部署もさまざま体験してもらうように取り組んでいます。ローテーションを通して一人ひとりの適性を見ながら相互のマッチングを図る試みで、今後その結果検証を含めて工夫を重ねていくことになると思います。

また、これまでは、オペレーションサービスのスキルアップばかりに目を奪われ、ビジネススキルやマネジメントセンスなどの向上は不十分だったことを反省し、サービススキルとビジネススキルの2つの軸で、教育プログラムを考案し、実行することが重要です。これにより、専門職のキャリアを歩むこともできれば、多様な職種を経験しながらキャリアを積むこともできます。社員に対して多くの選択肢を用意し、働き方の多様性を高めることも育成では強く意識しています。

JAPAN TOURISM REVOLUTION
CREATING A HUGE GROWTH MARKET TOWARDS 2030

PROFILE
藤崎 斉（ふじさき・ひとし）

東京都出身。立教大学経済学部卒業。1984年、東京ヒルトンインターナショナル（現ヒルトン東京）開業スタッフとして入社。2002年、ウェスティンホテル東京入社、宿泊部長を経て副総支配人就任。2006年、JALホテルズ株式会社本社営業本部副本部長として入社。2010年、執行役員、営業本部長。2011年7月、日本ホテル株式会社、東京ステーションホテル開業準備室室長として入社。2012年4月から現職。2015年6月から同社常務取締役就任。

社外との接点減少に危機感
交流の場が横のつながりを生む

徳江 ホスピタリティ業界の人材育成の一環として、「ネクストリーダーズ」という取り組みを2024年から始めました。20〜30代の若手が、業界の課題に本気で向き合い、討議を重ね、解決へ向けて協力していく場となることを目指しています。

藤崎 私も「GM GYM」という社外の学びの場のプログラムにメンターとして関わっています。総支配人をGeneralではなくGuiding Managerと位置づけて育成する内容です。そこで同業他社の本社の方々とお話をすると、「社外との接点がなかなかない」ことに危機感を持ち、「他流試合をしてほしい」という思いで、現役総支配人を含むスタッフを参加させているとおっしゃる方が多くいました。ネクストリーダーズやGM GYMなどが、リーダーやGMの交流の場となり、本音で話し合い、協力し合いながら、所属企業を越えて共に学び合う場にしたいと思っています。

徳江 新型コロナウイルスのパンデミック時に、観光業界、ホテル業界を離れてしまう人が増加しました。中間層が減ってしまったことで、今後、どの企業にも同じような課題や悩みが出てくることが予想されます。そんな苦しい時期を迎えたときに、横のつながり、協力関係が大きな力を発揮するのではないかと期待しています。

藤崎 社内だけで考えていては壁を突破できないこともあります。社外の情報や取り組み、多様な人たちとの意見交換が、気づきや課題解決のヒントになることは間違いありません。

私もこれまで、さまざまな壁にぶつかってきましたが、そんなときに参考にしたのは、トヨタやマツダ、ファーストリテイリングといったホテル業界以外の企業の考え方や取り組み方です。オプションをできるだけ多く用意し、その時々の環境に応じて多角的にアプローチし、最適化を目指すのは、ある意味で日本企業の得意技ではないでしょうか。

徳江 日本人は、外国から入ってきたものをそのまま使うのではなく、日本流に最適化して活用してきました。たとえば、お茶。お茶を飲んで楽しむだけでなく、そのプロセスまでも楽しむ茶道へと昇華させました。

藤崎 東京ステーションホテルではビジョン、ミッション、コアバリューを、「TSH WAY」として明文化し、行動指針に掲げています。そして、それを支える理念がスタッフとともにつくり上げた「Our Promise」です。その中でおもてなしの定義として、「装い」「振る舞い」「設え（しつらえ）」と書きました。とかく人的サービスが取り上げられがちですが、この3つがそろわないと真のおもてなしとはいえない。これはまさに今おっしゃった茶道の考えが基本としてあります。

徳江 そこまで高めるのが日本人の特質なのでしょう。フラワーアレンジメントではなく華道、ベースボールではなく野球です。

藤崎 サービストレーニングマニュアルの中だけではなく、違うところでさまざまな日本のよさに気づいて行動してもらいたい。それを仕組みとしてプラットフォーム化し、環境を整えることがマネジメントの役割だと思います。

徳江 マネジメントに求められる役割も、10年前、20年前とは大きく変わってきています。

藤崎 外部環境がまったく違いますから。ただ、ややもすると厳しい時期に「景気のせい」「為替のせい」などと問題の原因を外に求めがちです。しかし、本当の要因は内側にあり、そ

こからスタートすることを意識するようにしています。コロナ禍で業績が下がったとき、多くの企業で教育研修予算をカットする事例を多く見ました。私は「逆だ」と思い、こういう時だからこそと、コロナのせいにせず、自分たち自身に目を向け、できることをしっかりとやろうと思いました。

徳江 逆張りですね。そこで教育予算を確保し育成に力を入れた成果が、コロナが収束して外国人観光客が戻った現在、出ているのではないですか。

藤崎 私たちにとっては、お客様の評価がすべてです。世界的に権威ある旅行誌『コンデナスト・トラベラー』が発表している57.5万人によるリーダーズ・チョイス・アワード2024では、日本のトップホテル部門の3位、東京で1位に選ばれました。トリップアドバイザーや一休.comなどでもつねに上位の評価を受けています。このような評価があるということは、私たちがやってきた、そしてやっていることが間違っていないという証左なのかもしれません。「何のために」を考え抜き、意義レベルで考えて行動してくれているスタッフがいるからこそだと思っています。

徳江 すばらしい立地、すばらしい伝統がありますが、それをさらに高めようという藤崎さんの姿勢がよく伝わってきます。サービス業ですから、カギになるのは「人」です。それでいて、人にスポットライトが当たるわけではありませんが、人を大事に育成していることが、ひしひしと感じられます。

藤崎 私たちはこれからどうなりたいのか。それをいつも考えていますが、あるときに副総支配人が、「働く人も、お客様も、もっとも幸せなホテルにしたい」と言いました。まさにそれこそが本質で、結果としてビジネスの好循環につながると経験則的にも知っています。そのためには、まだまだやらなければならないことが多々あり、終わりはありません。とにかく一つひとつ着実に前に進め、ホテルはもちろんのこと、観光業界としてのブランド力も上げていきたいと思っています。●

| PART 2 | ホテルニューグランド 木曽 博文 氏 |

若手社員の発案で始まった「マイスター制度」

徳江 ホテル業界では、人材不足が大きな課題になっています。若手を予定通りに採用できていますか。

木曽 売り手市場のため内定辞退者も毎年数人いますが、2025年4月には40名弱が入社する予定です。ただ、入社後、数年で離職してしまう人もいるので、人材不足は私たちにとっても一番の課題です。派遣社員に働いてもらうなどして何とかやり繰りしています。近い将来、外国人人材やシニア人材にも働いてもらえるよう、情報収集など、いろいろ動き出していますが、まだ具体的なことは決まっていません。

徳江 ホテルチェーンの場合は、チェーン内で足りない人材を補い合うことができますが、ホテルニューグランドのようなスタンドアロンにはそれができません。人材不足への対応がそれだけ難しいと言えます。

木曽 10年間ぐらい新卒採用を控えていた時期があったため、30代、40代の社員が少ないという私たち特有の問題もあります。新卒採用を再開した最初の年代がようやく30代となり、活躍し始めてくれていますが、サービスのクオリティを上げていくためにも、若手人材の育成にしっかり取り組んでいきたいと考えています。

PROFILE
徳江 順一郎（とくえ・じゅんいちろう）

上智大学経済学部卒業、早稲田大学大学院商学研究科修了。大学院在学中に起業し、飲食店の経営やマーケティングのコンサルティング、デザイン事業などを手がける。2011年に東洋大学国際地域学部国際観光学科（2017年から国際観光学部）に着任。『アマンリゾーツとバンヤンツリーのホスピタリティ・イノベーション』『宿泊産業論―ホテルと旅館の事業展開―』『ホスピタリティ・デザイン論』（以上、創成社）、『ラグジュアリー・ホスピタリティ』『ホスピタリティ・マネジメント』『ホテル経営概論』（以上、同文舘出版）など、著書・学術論文多数。

JAPAN TOURISM REVOLUTION
CREATING A HUGE GROWTH MARKET TOWARDS 2030

徳江 若手の育成に関して、何か特別なことを行っていますか。

木曽 当ホテルは2027年に創業100周年を迎えます。本館は横浜市認定歴史的建造物・近代化産業遺産であり、歴史と伝統が私たちの魅力の1つです。そこで、それらに精通し、お客様に案内することもできる「ニューグランドマイスター」を認定する制度をつくりました。年1回、筆記試験と実技試験を行い、合格した人だけがマイスターになれます。現在3年目ですが、21名のマイスターが誕生しました。マイスターは、お客様を案内するたびに報奨金がもらえます。

徳江 それは若手を含むスタッフのモチベーションアップにつながるすばらしい取り組みですね。どのようなきっかけで始めることになったのですか。

木曽 もともとはサービス向上委員会で出た、「ホテルの歴史などについてもっと知りたい」「ベテランスタッフの知識や知見を引き継げるような仕組みが欲しい」といった若手社員の意見がきっかけです。50代のベテランがあと数年で辞めてしまうことを考えると、今が若手に引き継げるラストチャンスかもしれない。

そして、ホテルの歴史や横浜の歴史を知りたいのは若手社員だけでなく、お客様も同じではないか、サービス向上にも生かせるのではないかとの考えから、マイスターによる館内ツアー付きの宿泊プランやレストランプランをつくったところ、価格が少し高いにもかかわらず人気となっています。

若手マイスターはお客様とのコミュニケーションが増えることでやりがいを感じ、お客様は歴史や伝統に直接触れることができ、喜んでくれています。

徳江 若手社員たちの要望をかなえ、それを育成にもつなげ、さらにサービス向上にもなっている。一石三鳥の見事な施策で、ちょっと驚きました。

「ニューグランドマイスター」2期のスタッフ。合格の証しにバッジが授与され、モチベーションにつながっている
©ホテルニューグランド

異動、社外との交流が人をつくり、財産となる

徳江 若手の人材育成を目的に私たちが始めた「ネクストリーダーズ」についても考えを聞かせてください。

木曽 横浜地区のホテルの総支配人たちと毎月1回ランチミーティングを行っているのですが、そこで、若手社員が社外の人たちと交流する場がないことへの危機感を共有していました。交流の場をつくりたいと話してはいたのですが、実現には至っていませんでした。ですから、ネクストリーダーズに参加する機会が与えられたの

CHAPTER 4-2
HITOSHI FUJISAKI　HIROFUMI KISO　JUNICHIRO TOKUE

は本当にありがたかったです。若手にとってよい刺激になるのではないかと期待しています。
　私は長く営業を担当していたので、自然とほかのホテルの人たちと交流する機会があり、同業他社の人たちと話をすることで自分たちの立ち位置を見直すことができるなど多くのメリットを感じてきました。同じような経験を若手社員にもしてもらいたい。
徳江　ネクストリーダーズを立ち上げる際、どうしても実現したかったのが、いろいろなホテルの若手に来てもらい交流してもらうことでした。交流を通して、将来、時に切磋琢磨し、時に励まし合える友人をつくってほしいという思いが強くありました。
木曽　私にも30年来の同業の友人が何人もいます。
徳江　そうした友人をつくって財産にしてもらいたかったのです。それがネクストリーダーズを始めた大きな目標の1つです。
木曽　私は辞令をこれまで8枚ももらうほど、異動を繰り返してきました。いろいろな仕事を経験し、さまざまな職場の人たちと直接話をしたことが、現在の私をつくったと感謝しています。若手にも異動によって多種多様な経験をしてもらいたい。それが当人のためにもなりますし、ひいてはホテルの財産にもなります。
徳江　ホテルには、スペシャリストとゼネラリストの両方が必要です。すばらしいスペシャリストがいないと優れたサービスを提供できませんが、その人だけでは業務が回りません。スペシャリストとゼネラリストのバランスをどう取るかも、そのホテルの文化をつくる要素の1つではないでしょうか。
　日本のホテルとは文化が違う外資系ホテルが横浜にも次々と開業していますが、どのように見ていますか。
木曽　ホテル業界が盛り上がるのであれば、ウェルカムです。それに加えて、外資系ホテルが横浜に増えるのは、それだけ横浜が注目されている証しでしょう。横浜は国内ブランドとしては高い地位にありますが、外国の人たちにはあまり知られていません。「横浜ってどこにあるの？　何があるの？」といった感じで、外国人観光客に横浜の魅力が伝わっていないのは大きな課題です。ですから、横浜のホテルに宿泊する外国人が、どこに行き、何に魅力を感じているのかはぜひ知りたい。日本人が好むものと、外国人観光客が好むものは少し違うと感じています。
徳江　まず日本に魅力を感じてもらい、次に地域、横浜に魅力を感じてもらい、そしてホテルに魅力を感じてもらう。この順番ですよね。人材も同様です。ホスピタリティ業界、観光業界に魅力を感じてもらい、次にホテル業界に魅力を感じてもらい、ホテルニューグランドに魅力を感じてもらう。
木曽　おっしゃるとおりだと思います。私たちには100年近い歴史と伝統があり、そこに魅力を感じて入社してもらう。実際に働いてみて「やっぱりこのホテルを選んでよかった」と思ってもらい、長く働き続けてもらう。それが何より大事なことであり、そんなホテルにしていきたいと考えています。
徳江　本学の国際観光学部の学生は学びの一環でインターンに行きます。しかし、インターンに行ったホテルに就職するとは限りません。内定をもらっても辞退する学生もいます。そうしたホテルの経営者に「申し訳ありません」と言うと、「まったく構いません。ホテル業界に就職してくれたのであれば、それで十分です。ホテル業界として人を育てているのですから」と言われました。そのときに、ああ、こうした考えの人たちがホテル業界を支えているのだなと感じたのですが、今日、話を聞いて木曽さんにも通じるものを感じることができました。

PROFILE
木曽 博文（きそ・ひろふみ）
1970年生まれ。1993年白鷗大学経営学部卒業後、株式会社ホテル、ニューグランド入社。2011年同マーケティング部部長、2016年同宴会部部長を経て、2023年12月に取締役営業本部長総支配人に就任。

Column

HCJ2024から2025へ、新たな進化
将来のトレンドをつかみ「新しい常識」に目を向ける

「観光立国」に向け、関連業界が進化していくためには、情報収集や業界内外での交流が欠かせない。
その役割を担うのが日本能率協会（JMA）が主催するHCJだ。
時代を先取りし、関連業界を牽引する国内最大の展示会として、実に半世紀以上継続している。
2024年2月に開催されたHCJの出展は800社以上、2200小間にも上る。
その模様を振り返りながら、強みや特徴、そして今後に向けての新たな取り組みを紹介する。

Photo: Kengo Motoie　Text: Noriko Egashira

出展企業の継続率は70％　コロナ禍でも「リアル」を重要視

　HCJは「国際ホテル・レストラン・ショー」「フード・ケータリングショー」「厨房設備機器展」から構成される3展示会の総称で、ホテルやレストランなどホスピタリティとフードサービス業界における国内最大級の商談専門展示会である。もともとは「国際ホテル・レストラン・ショー」単体で1973年にスタート。その後、関連業界の相乗効果を狙い、3つの展示会の英文名称＊の頭文字をとって「HCJ」として合同開催するようになった。

　出展企業は、厨房設備から食品、家具や備品、テーブルウェア、さらにはITシステムまで幅広い業種となっている。3つの専門展示会で構成されているため、関連する業界団体も多彩で、その連携によって出展者と来場者の規模を大きなものとしているのもHCJの特徴だ。JMAの経営・人材革新センター観光・サービス産業ソリューショングループのグループ長である小川晃一は「各業界を牽引する大手企業が出展していることも、本展示会の強みです」と話す。

　HCJはコロナ禍においても、途切れることなく開催。さまざまな議論がある中で開催を断行したのは、HCJの使命といえる「人と人をつなぐ」ことを重要視したためだ。「人と人をつなぐには、やはりリアルでの商談が不可欠だと判断しました」と、同グループリーダー、佐々木俊之は振り返る。とくにHCJの出展者は、厨房設備やテーブルウェアなどを扱う企業が多く、そうした商品は実物を見ないと魅力が伝わりづらい。「コロナ禍で多くの企業は対面営業の自粛を余儀なくされ、また飲食店などサービス業の多くも、営業自粛せざるをえませんでした。だからこそ、そうした企業を支えるためにも、これまでどおりの開催を決めました」（佐々木）

　HCJでは毎年、その時代ならではの課題や、その一歩先を行くトレンドを取り上げている。最新の「HCJ2024」では、「1.安心、安全なサービス環境の確保ならびにSDGs対応の促進」「2.デジタル技術の導入による生産性向上・人手不足対策」「3.地方創生に資する地域産品の全国展開、観光アクセスの高付加価値創出」——の3点に重点を置いて展開した。出展者は826社、来場者は5万131名と、2019年の規模には及ばないものの、コロナ禍を乗り越え順調に回復してきた。

　出展者の継続率が7割にも上ることもほかの展示会には見られないHCJならではの特徴だ。2024年の出展者アンケートでは、満足度は83％で、約7割が次回の出展

を検討していると回答。来場者アンケートでも8割が「満足」と答えている。

業界トップが企画委員 トレンドをキャッチアップ

満足度が高い背景には、HCJだからこその強みがあるからだ。その1つが、各業界を牽引する企業の経営層や購買責任者、有識者から成る企画委員会を組織していることである。企画委員会は2つあり、1つは宿泊・外食関連の経営陣や関連団体で組織され、もう1つは厨房メーカーや給食関連団体で組織されている。HCJのブレーンとして、それぞれ各業界のトレンドや課題を踏まえて展示会の企画や運営について意見を出してもらい、各種セミナーやイベントステージとして反映させていく。それだけでなく、展示会終了後は振り返りとして報告会も実施。次回以降のHCJにつなげていく役割もある。

企画委員の1人、徳江順一郎氏（東洋大学国際観光学部准教授）は、セミナーを企画するに当たり、「少しだけ先のこと」を実践している第一人者に登壇してもらうことを意識しているという。

「現場をよく知っていて、リアル感があることが大切です。来場者とあまり遠すぎると夢物語になってしまい、自分たちには無理だと諦めてしまいます。そうではなく、少し考えれば自分たちのところでも実装できそうだなと思えるものを提示したいと考えています。常識を覆した人の話なども盛り込んで、ある意味常識を疑う、新しい常識に目を向けてもらえたらと思っています」（徳江氏）

企画委員会によるタイムリーな企画は毎年好評で、その1つである「トレンドセミナー」は毎年立ち見も出るほどだ。HCJ2024では「スマート化」と「ラグジュアリー」をキーワードにしたセミナーが人気を博した。徳江氏によると、とくにスマート化については熱心にメモを取っている人が多く、反応がよかったと感じたという。

「宿泊施設の多くは人手不足や効率化にどう取り組んでいったらいいのか悩んでいます。スマート化についていえば、家業として旅館業を営んでいる場合、導入は進まないケースもあります。しかしスマート化をすることで、いろ

HCJ2024の来場者は5万人を超えた

んな可能性が広がります。そうしたことを、実際に展示で見せたり先進事例をセミナーでお伝えしたりすることで、こういう方法もあるのだなと、導入のための心のバリアーが外れると思います。そうした"新たな常識の発見の場"を提供することがHCJの役割だと思います」（徳江氏）

もう1つの強みが、「事前アポイント制商談会」の実施である。購買意欲の高いバイヤーと出展者が直接商談できるマッチングサービスで、会期中、専用会場で商談ができる。そのため効率よいうえに、商談は密度が濃く、質が上がり、成約につながりやすいと好評だという。HCJ2024は98バイヤーが参加、商談件数は277件に上った。

「展示会においては、多くの企業が出展している会場を回りながら、偶然の出会いや発見を求める方もいますが、一方で、効率よく自社に合った製品を見つけたいというニーズもある。商談会はそうした来場者にも対応した、HCJだからこそできるサポートと言えます」（小川）

Column

「トレンドセミナー」は毎年タイムリーなテーマの討議が好評

[業界の「今」を分析し
課題解決のヒントを提案]

今後について、「これまで以上に来場者と出展者をつないでいき、双方の満足度をより高めていきたい」（小川）、「商談以外のことにも注力していきたい」（佐々木）という目標も見えてきた。

そのために、具体的に検討していることが複数ある。まず「業界の課題、トレンドの分析をJMAが独自に行い、業界関係者に提起すること」だ。たとえば、展示会会場でパネル展示企画を行い、課題とトレンドをクローズアップするといったことである。「情報の内容としては、人手不足の現状や地域独自の観光トレンドを、数値などエビデンスを基に構成し、解決策や情報を発信していきたい。来場者の目に留まりやすいパネルにすることで、各出展ブースを回る前に立ち止まって見てもらい、出展各社との商談を密度のより濃いものにしてもらえれば」（小川）

2つ目は、海外のバイヤーをHCJに呼び込んで、国内出展企業とのつながりをつくることだ。そうすることで、出展者が海外進出を検討する足がかりになることを見込む。HCJ2024においては、海外出展参加国・地域はアメリカやインド、台湾からの32社で、来場者は全体の0.5%にとどまった。この数字をもっと上げて、HCJが国内企業の海外進出のためのプラットフォームになることを目指す。

「HCJへ呼び込むだけでなく、HCJ事務局が、出展者から希望者を募り、ともに海外展示会に赴いて日本企業をアピールするといったことも検討しています」（佐々木）

3つ目が「来場者にとって価値があり満足度の高い展示会」にすることである。

「とくにホテルや飲食業界の方々は、人手不足の中で時間をつくって来場してくれています。だからこそ"来る価値のあるもの"でなくてはなりません」（佐々木）。現在考えているのは、受付で並ばずにスムーズに入場できるシステムである。一般的な展示会は受付に来場者が大勢並ぶ様子をにぎわいとしてアピールするが、来場者視点で見れば不便となる。JMAはそれを課題と捉え、スマートフォンさえあれば、入場も案内も即座にできるようなデジタルシステムを検討中だという。ペーパーレス化の導入で、会場案内マップもスマートフォンで見られるようにする予定だ。

4つ目はHCJを通じての人材育成である。これについては、「ネクストリーダーズ」という新企画が進行中だ（本誌102〜107ページ参照）。宿泊・ブライダル業界の次世代リーダー育成プログラムで、20〜30代の若手の育成は、業界の喫緊の課題でもある。そこで、次世代を担う若手リーダーとともに、業界の課題を考え、その解決策を提言する場として企画されたものだ。札幌、東京、大阪、福岡の4地域で開催、若手が議論を重ねており、2024年度のHCJでその成果を発表している。アウトプットを会期中に行うことで、業界関係者同士の交流の深まりも期待される。そして、ネクストリーダーズの参加者から今後、HCJの企画委員が誕生することで、未来のホスピタリティ業界を支える有望な人財との関係構築を、JMAとして進めていきたいという。

HCJはこれからも人・物・情報のリアルな交流を通じて、ホスピタリティ産業のために、いっそうの価値創出を続けていく。

＊HCJ：HOTERES JAPAN（国際ホテル・レストラン・ショー）、CATEREX JAPAN（フード・ケータリングショー）、JAPAN FOOD SERVICE EQUIPMENT SHOW（厨房設備機器展）

JAPAN TOURISM REVOLUTION
CREATING A HUGE GROWTH MARKET TOWARDS 2030
Chapter 4-3

なぜ観光学部の学生が引く手あまたなのか
人の幸せにつながる「観光学」
多様な視点で社会の在り方を学ぶ

21世紀になって以降、大学における観光系の学部・学科の開設が相次ぎ、その内容も多岐にわたる。
学生の人気も高いが、学びの内容が多様化しているがゆえ、観光以外の業種に就職する学生も少なくない。
待遇の低さがその一因だが、一方でホテル産業などは能力主義であるためキャリアアップを実現できる業界でもある。
立教大学観光学部の前身である学部を卒業後、長く観光学を研究し、また学生と接してきた橋本俊哉氏に、
「観光立国」への思いを含め、観光学を学ぶ意味や近年の学生の動きなどを聞いた。

Photo: Seiichi Otsuka Text: Hiroshi Sakata

橋本 俊哉

立教大学 観光研究所 所長
立教大学 観光学部観光学科 教授

JAPAN TOURISM REVOLUTION

CREATING A HUGE GROWTH
MARKET TOWARDS 2030

「数」や「消費額」以上に「満足度」が大切な理由

新型コロナウイルス感染症が5類に移行する時期を間近に控えた2023年3月、政府は観光立国推進基本計画を見直し、閣議決定しました。6年ぶりのことです。その中で「持続可能な観光」の重要性が指摘され、政府が総合的、計画的に取り組むべき施策として本格的に位置づけたことは画期的と言えます。観光庁が2018年度から進めてきた持続可能な観光の推進に向けた取り組みを受けてのことです。それまでの基本計画や観光ビジョンでは成長志向、量的志向が基本だったので、ようやく世界的な流れが明記されました。

しかしながら、計画の内容を見ると、持続可能な観光地域づくりとともに掲げられている「インバウンド回復」に重点が置かれていることは明らかで、観光庁のホームページでも「質の向上を重視する観点から人数に依存しない指標を設定している」と記載しながら、量的拡大の数値目標が列記されているのが現状です。

観光の経済効果、とくに経済波及効果を把握することは観光産業の持続可能性や地域経済の活性化において重要な指標です。しかし観光には、経済的な側面以外にも、多面的な意義があります。観光客にとって、旅先で刺激を受ける経験は何物にも代えがたいものですし、"外の目"によって住民が自らの住む地域のよさを再認識したり、誇りを持つことも重要です。観光の経済的な側面が強調され、観光立国があたかも「インバウンド立国」のように捉えられがちなのは、マスコミにも責任があります。

私に言わせれば、ことさらに「観光立国」をうたうこと自体が観光立国たりえていないことの証しであり、観光の多面的な意義や重要性が住民に浸透し、理解されるようになってはじめて本当の「観光先進国」になれるのでしょう。

日本人にとって、海外旅行が急速に一般化したのは1980年代のことでした。その頃、香港やアメリカ西海岸への安価なパッケージツアーに参加した観光客から「中華料理、それほどおいしくないね」「カリフォルニアワイン、たいしたことない」などの声が聞かれました。こうした間違ったイメージを持たれてしまうと、それを払拭するのは容易ではありません。

ですから、受け入れ体制の質を高め、「旅行中にどれだけ満足してもらうか」を意識して政策を進めることが重要なのです。満足すればリピートにもつながりやすいし、帰国してからクチコミでおのずと評判が広がることでしょう。

訪日外国人に日本のファンになってもらうことが大事なのは、それがソフト面における日本の防衛力にもつながるからです。私たちが実際に訪れた外国諸国を身近に感じるように、日本を訪れた外国人も日本を身近に感じてくれれば、日本に何か危機が訪れたとき、大地震や津波が起きたときなどに支援の手を差し伸べてくれることでしょう。

観光には、こうした社会的な意義もあるのです。

多様な視点から観光を学び観光の意義を幅広く理解する

幕末から明治初期にかけて、近代化を目指す日本は多くの外国人を招き入れました。明治になって間もない頃、ある外国人が東京の夏の暑さに耐えかね、避暑のため日光に向かいましたが、「青い目のお客」は敬遠され、宿泊先が見つかりません。路頭に迷っていた外国人を自宅に招いたのは、日光東照宮で楽師（笙の奏者）をしていた若者でした。外国人は日光をいたく気に入り、1873年、外国人が泊まれるホテルを造ってほしいと要望してできたのが日本最古のリゾートホテル、金谷ホテルです。

外国人向けのホテルの必要性に気づいたのが若かりし頃の金谷善一郎であり、金谷が泊めた外国人は、ヘボン式ローマ字の生みの親、ジェームス・カーティス・ヘボン博士でした。

金谷は息子2人には英語を話せるようになってもらいたいと、当時、築地にあった立教学校に通わせます。長男の眞一は金谷ホテルを継ぎ、次男の正造は箱根の富士屋ホテルに養子に入ります。正造はホテル実務学校を開き、ホテルの人材育成に力を注ぎましたが、1944年、志半ばで亡くなってしまいます。戦後すぐの1946年、正造の遺志を継いでホテル関係の人材

CHAPTER 4-3
TOSHIYA HASHIMOTO

育成活動を続けてほしいと母校の立教大学に寄付とともにご遺族から申し出があり、日本の大学で観光教育の先駆けとなる公開形式の「ホテル講座」が始まりました。これは日本のみならずアジアで一番早い観光・ホスピタリティ教育機関と言われています。

その後、1967年に社会学部に観光学科が設置され、1998年に日本初の観光学部が新座キャンパスに開設されました。現在、私が所長を務める観光研究所では、今もホスピタリティ・マネジメントや旅行業に関する公開講座が行われています。

これらのホテルとのご縁は今も続いていて、毎年、富士屋ホテルには学生がインターンシップでお世話になり、入社して活躍する卒業生もいます。

観光学部や観光学科が各大学に増えてきたのは2000年代に入ってからのことです。観光関連学問領域は幅が広く（**図表**）、経済的な視点からの科目もあれば、社会的な視点、文化的視点からの科目もあります。本学の観光学部には観光学科と交流文化学科があり、私は行動心理学的な視点から観光の研究を行ってきました。

観光学科の科目には、「観光経済学」や「観光政策・行政論」「観光交通論」「都市観光論」「エコツーリズム論」「コンベンション産業論」「観光デザイン論」「観光リスクマネジメント」などがあります。「ビジネスとしての観光」と「地域づくり」という2つの柱から科目が構成されています。

一方、交流文化学科の科目には、「観光社会学」や「観光地理学」「観光文学」「観光歴史学」「観光人類学」などがあり、たとえば、観光社会学なら、メディア、ジェンダーといったさらに細分化、専門化された科目があります。観光文学なら、ＳＦ、紀行文、トラベルライティングなどの科目があります。

観光学科の学生が交流文化学科の科目を履修することもできますし、逆も、もちろん可能です。実に多種多

| 図表 | 観光関連学問領域 |

	公益財団法人日本交通公社「旅の図書館」蔵書分類	分類に含まれる主な学問・研究の領域
0	観光原論・概論	観光の歴史（日本・世界） 観光に関わる文学・紀行・作家　等 観光理論・研究方法　等
1	観光者・観光活動（Ⅰ）	観光欲求・観光動機、観光行動論　等 文化と観光、社寺巡り、巡礼　等 健康と観光　等
2	観光者・観光活動（Ⅱ）	旅行者動向全般、余暇需要　等 訪日外国人旅行市場動向、誘客・インバウンドの戦略　等 各国の旅行者動向　等
3	観光地・観光資源（Ⅰ）	観光地理学、観光地の分類・特性、観光地の発展形態　等 歴史・町並み観光地、歴史的町並みの保存と再生、エコツーリズム　等 グリーンツーリズム、農村景観、農村・過疎地域の活性化　等
4	観光地・観光資源（Ⅱ）	観光資源の概念、観光資源評価（手法）、観光資源の保護と開発　等 産業遺産と観光（ヘリテージツーリズム）、産業観光　等 情報技術、情報媒体、観光案内所、観光標識　等
5	観光産業	観光産業全般、観光事業、観光ホスピタリティ　等 旅行業・交通業・宿泊業、飲食・土産物業、ガイド業　等
6	観光計画・開発	観光調査、観光地診断・観光地評価、観光の需要予測　等 交通需要調査、観光交通計画、観光ルート開発、観光街道　等 景観論・風景論、観光地の景観・風景計画、景観とまちづくり　等
7	観光政策	各省庁における観光政策 国際観光の問題、国際観光協定・条約、国連開発　等 国際観光交流　等
8	観光経営・経済	マーケティング論、観光（誘客）宣伝・PR、観光のブランディング　等 観光事業の労務・財務、サービスのマネジメント　等 観光人材の育成、観光組織　等
9	観光と社会・文化・環境	観光と地域社会、観光人類学・民俗学　等 障害者・高齢者と旅行、観光のバリアフリー、ユニバーサルツーリズム　等 災害と観光復興、持続可能な観光、環境負荷の低減　等

出典：公益財団法人日本交通公社の資料を基に編集部作成

JAPAN TOURISM REVOLUTION
CREATING A HUGE GROWTH MARKET TOWARDS 2030

PROFILE
橋本 俊哉（はしもと・としや）

1963年埼玉県生まれ。1985年に立教大学社会学部観光学科（観光学部の前身）を卒業。立教大学大学院社会学研究科博士前期課程、東京工業大学大学院理工学研究科博士後期課程修了。博士（工学）。1995年から立教大学に勤務、2003年から現職。研究分野は観光行動学（観光・レクリエーション空間における行動特性研究）、五感と観光、歩行観光、観光地の災害復興と幅広い。2022〜2023年度の2年間、一般社団法人日本観光研究学会の会長を務めた。

様な視点から観光について学ぶことができ、これが観光の意義を幅広く理解することにつながります。

卒業論文のテーマもさまざまで、私も毎年、刺激を受けています。私自身も社会学部観光学科時代に池袋で学びましたが、現在は、当時はなかった科目も多く、機会があったら受講してみたいと思う科目がいくつもあります。本学の展開科目は、他大学のモデルになっているようです。

冒頭、観光には経済的な側面だけでなく、社会的な意義や文化的な意義があると述べましたが、観光学部の科目を見れば、それが理解できるのではないでしょうか。

海外赴任もいとわない 幅広い業種に就職

21世紀に重要視されるようになった学問領域の「3K」をご存じでしょうか。「環境」「観光」「健康」です。これらはすべて人間の幸せにつながる学問です。

こうしたこともあってか、観光学の授業は非常に人気があり、コロナ禍で授業がオンラインになったときには、他学部の学生の受講が急増しました。池袋キャンパスから新座キャンパスまで通うことに躊躇していた本学の他学部学生も、オンラインなら受講したいと考えたのでしょう。

早稲田大学や学習院大学などと、大学コンソーシアムの仕組みがあり、他大学から本学に観光を学びに来る学生も数多くいます。

現在、観光学部の学生は3分の2が女性で、3分の1が男性。新座キャンパスには、コミュニティ福祉学部と現代心理学部もあり、こちらは8割以上が女性のため、新座キャンパスの学生は4分の3が女性です。

学生の就職先も、近年、非常に多様化しています。このため、以前は旅行や交通、ホテル・旅館などといった分類だったのを、他学部と同様の分類で就職実績を公表するようになりました。一番多いのは「サービス」で、旅行会社やホテルなどに就職する学生がやはり多いのですが、2番は「情報」、3番は「卸・小売り」、4番は「製造業」、5番は「金融・保険」です。想像されている以上に就職先の幅が広いことに驚かれるのではないでしょうか。

観光学部の学生をインターンシップで受け入れたいと希望してくれる企業も多くあります。海外に行きたい社員が減る中、観光学部の卒業生は海外に赴任することに抵抗がなく嫌がりません。それが観光学部の卒業生が欲しいと言われる理由の1つです。

東南アジアに毎年行っているゼミもあり、コロナ禍の最中に海外に行った学生も少なからずいました。こうした海外志向が、観光とは直接関係のない企業からも注目されており、その結果、幅広い業種に卒業生が就職して

CHAPTER **4-3**
TOSHIYA HASHIMOTO

いるのです。

ただ、裏を返せば、旅行会社やホテル・旅館へ就職する卒業生の比率が低下しているということです。この理由は、現在の給与レベルが他業種と比べて低いことに一因があります。もちろん、給与がそれほど高くないことを理解したうえで、観光に携わる仕事がしたいという熱い思いと意欲を持って観光関連産業に就職している卒業生も大勢います。JTBはつねに就職先として人気が高いです。

インバウンドの影響でホテルや旅館の宿泊料が高騰していますので、それが給与に反映されれば、従業員の給与も上がっていくはずです。給与面などで他業種と同等になれば、観光業で働きたい若者が増える可能性は十分にあると考えています。

ホテルの多くは能力主義で、能力次第で出世できる、キャリアアップできる業種でもあります。そのため、ホテルへ就職する学生も少なくありません。

人材のマッチングビジネスも盛んになっており、その1つ「タイミー」を立ち上げたのは、本学の卒業生の小川嶺氏です。今や、大手のホテルであっても、このタイミーに頼るところが大きいといいます。人材不足は、観光業にとって深刻な問題です。

訪日外国人の中には、日本人のサービスを受けたいと思って日本に来ている人もいます。それもあって、外国人従業員が増えないという側面もあります。とくに高級旅館はそうです。

外国人を数多くインターンシップで採用しているホテルもあります。和を大切にするのか、インターナショナルを大切にするのか、どういうお客様に来てもらいたいのか、ホテルや旅館それぞれに考えがあり、それに合わせて従業員を育成する必要があるということでしょう。

何よりも大切なのは、繰り返しになりますが、お客様に満足して帰ってもらうことです。

「観光と災害復興」と「観光と五感」に注目

私が現在、力を注いでいる研究分野が2つあります。1つは、観光と災害の関係です。災害復興において観光がいかに貢献できるのか。観光が「復興のエンジン」になると考え、現在、研究チームを組んで研究を進めています。

東日本大震災後、運ばれてきた温泉につかり、至福の表情を浮かべていた被災者の方々を、今でも鮮明に覚えています。このように、被災された人たちのケアでも、立ち直るきっかけとしても、観光には力があると思うのです。また、地域として経済を含めて立て直さなければならない中、観光業をどのように復興に生かしていくのかも重要な問題です。

もう1つ注力している研究は、観光と五感の関係です。観光において視覚が大事なことは言うまでもありません。聴覚に関しては音の風景や環境を意味する「サウンドスケープ」という研究領域があります。それに対して匂いや香りの風景や環境の「スメルスケープ」の研究は、これから切り開いていくべき領域です。

映像と音はデジタル化できますので、伝えるのがある意味容易ですが、現地に行かないと感じ取れないのが嗅覚であり触覚です。現地で風や匂いを体感する。いろいろな感覚で現地を感じる。こうして感じたことが、実は一番記憶に残りやすく、感性を磨くことにもなります。

飛行機を降りた瞬間に、日本とは違う匂いを感じたという経験がないでしょうか。国によって独特の匂いがあり、匂いは感情にダイレクトに訴えます。匂いとともに旅の記憶が鮮明に残されていくのです。

そうした視点から、匂いの環境が観光体験において、どんな意味を持つのか。目には見えない匂いの効果を研究しています。

五感の観光体験をいかによりよいものにできるか。そして、それをいかに計画に反映していけるか。世界的にも、こうした研究は、まだまだ未踏の分野です。

コロナ禍は、図らずも観光が私たちにとっていかに大切な存在であるかを再認識するきっかけとなりました。観光体験は私たちの感性を高め、明日への活力の源泉となります。観光は人を幸せにします。こうした「観光の持つ力」をより多くの人に知ってもらい、真の観光立国、観光先進国を目指していきたい。私が取り組んでいる研究や教育活動が、その一助となればと考えています。🔴

観光関連学部・学科のある主な大学一覧

産業の成長とともに観光人材育成を目指す大学が増えている。
観光関連の学部・学科およびコース・専攻を持つ主な大学のカリキュラムの特徴を、
各大学のホームページなどを参考にまとめた。(順不同)

● 学部/学科

大学名	学部名	学科名	所在地	学部開設年	カリキュラムの特徴
金沢大学(国立)	融合学域	観光デザイン学類	石川	2022	文理医融合の知識を基に、基礎から応用力のある観光の専門知識を身に付け、新しい観光価値を生み出すリーダーの養成
和歌山大学(国立)	観光学部	観光経営コース 地域再生コース 観光文化コース の3コース	和歌山	2007	観光学を構成する「観光経営」「地域再生」「観光文化」の3つの基本領域をコンセプトに構成
山口大学(国立)	経済学部	観光政策学科	山口	2005	「観光経済分析コース」と「観光コミュニケーションコース」を設置
高崎経済大学(公立)	地域政策学部	観光政策学科	群馬	2006	①観光政策、②観光経営、③国際観光、④地域振興の4領域から構成
東京都立大学(公立)	都市環境学部	観光科学科	東京	2018	実際の地域・観光地をフィールドとし、「観光地の診断から計画、実践まで」の実践的プロセスを体験・研究
長野大学(公立)	環境ツーリズム学部		長野	2007	1年次は「環境」「観光」「地域づくり」の3分野を学び、3年次以降は専門分野をより深く掘り下げる
名桜大学(公立)	国際学部	国際観光産業学科	沖縄	1994	産官学連携の下自然豊かな「やんばる」で教育・研究活動を実施。地域の発展に貢献するリーダー等を育成
札幌国際大学(私立)	観光学部	観光ビジネス学科	北海道	2009 (前身は1999)	ゼミやフィールドワークを通して、観光ビジネスや異文化交流の現場で実践的に学び、小規模ならではの距離感で、観光業界への進路をサポート
北海商科大学(私立)	商学部	観光産業学科	北海道	1994	観光はさまざまな分野に経済的、社会的効果をもたらす現象であるからこそ、商学の視点を通じ観光を学んでいくために商学部の中に観光産業学科を設置
立教大学(私立)	観光学部	観光学科／交流文化学科の2学科	埼玉	1998 (前身は1967)	「ビジネスとしての観光」「地域社会における観光」「文化現象としての観光」の3つの視点から、経営学、経済学、地理学、社会学、人類学などの研究領域に基づく総合的な観光教育を実施
獨協大学(私立)	外国語学部	交流文化学科	埼玉	2009 (学科開設)	「交流する文化」をキーワードに、ツーリズム研究、社会学、文化人類学、開発学、国際関係論など多角的な視点から学ぶ
跡見学園女子大学(私立)	観光コミュニティ学部	観光デザイン学科	埼玉・東京 (本部東京)	2015	観光デザイン能力(「ホスピタリティ能力」「マネジメント能力」「発掘発信能力」)を身に付けるカリキュラム構成
流通経済大学(私立)	共創社会学部	国際文化ツーリズム学科	千葉	1993 (学科開設)	まちづくりの現場、旅行会社などに出向き、リアルな現場を体験する実学主義の学習
秀明大学(私立)	観光ビジネス学部	観光ビジネス学科	千葉	2009	5カ月間のイギリス留学が必修。現地で添乗員体験ツアーを用意。2年次からインターンシップや研修
城西国際大学(私立)	観光学部	観光学科	千葉	2006	観光まちづくり・観光メディア・観光ビジネス・国際教育などの多彩な分野を教室と現場で学び、観光を通じて新しい価値を創造できる人材を輩出する
明海大学(私立)	ホスピタリティ・ツーリズム学部	観光専攻／経営情報専攻／グローバル・マネジメント専攻の3専攻	千葉	2005	実務家教員による実践教育により、ホスピタリティ業界に求められるホスピタリティ・マインドと使える英語力を身に付ける
國學院大學(私立)	観光まちづくり学部	観光まちづくり学科	神奈川 (本部東京)	2022	観光を基軸に持続可能な「まちづくり」を考え地域に貢献できる人材養成を目指し、文系・理系の垣根を越え分野横断的に学ぶ
松蔭大学(私立)	観光メディア文化学部	観光文化学科	神奈川	2009	実践経験豊富な教員により、地域との多様な連携活動の実施を踏まえ、これからの観光社会において必要とされる実践的・専門的なカリキュラムを実施
横浜商科大学(私立)	商学部	観光マネジメント学科	神奈川	2015 (前身の貿易・観光学科は1974)	商学と観光のつながりを理解し、地域活性化と観光ビジネスを中心に学ぶ

大学名	学部名	学科名	所在地	学部開設年	カリキュラムの特徴
東海大学 （私立）	観光学部	観光学科	神奈川・東京 （2キャンパス 横断）	2010	文化・社会・自然の多様性ならびに観光に関する体系的かつ広範な知識を学ぶとともに、フィールド研究を通して実践的な学修に取り組む
	文理融合学部	地域社会学科	熊本	2022	「地域観光」「心理・広報メディア」を柱に、国内外での研修を多く実施。観光の視点から地域づくりに貢献し、心理学を生かした広報戦略を学ぶ
文教大学 （私立）	国際学部	国際観光学科	東京 （本部埼玉）	2008	「ホスピタリティビジネス科目群」など3つの科目群を用意。国内外でのプロジェクトにも参加しグローカル（グローバル＋ローカル）な視点を養う
川村学園女子大学（私立）	生活創造学部	観光文化学科	東京 （本部千葉）	2000	「観光概論」「観光心理学」などの理論に加え、「ホテル・マネジメント論」「テーマパーク事業論」など現場で役立つ科目も学ぶ
淑徳大学 （私立）	経営学部	観光経営学科	東京	2012	経営学を基盤に観光学を習得、現場における実践的な学びを通じて観光産業の経営人材を育成
杏林大学 （私立）	外国語学部	観光交流文化学科	東京	2010	人々の移動と楽しみを多角的に捉え、ホスピタリティ産業、地域活性化、国際交流に必要な専門知識と技術を習得する
駒沢女子大学 （私立）	観光文化学部	観光文化学科	東京	2025	自治体や観光関連企業と連携した授業のほか国家試験対策まで多彩な科目群を用意
玉川大学 （私立）	観光学部	観光学科	東京	2013	2年次秋から全員1年間豪州へ留学。留学中に「海外インターンシップ」も実施。語学留学だけでなく留学先大学の学部授業を履修できる「学部留学」が可能
帝京大学 （私立）	経済学部	観光経営学科	東京	2006 （学科開設）	現代社会における観光の意義や消費のメカニズムなど、観光に関する知識を幅広く学びながら、観光の現場を想定した実学教育を実施
東洋大学 （私立）	国際観光学部	国際観光学科	東京	2017 （前身は1963）	2025年度から、コロナ禍後の社会環境の変化を踏まえた、新カリキュラムを導入。2年次にPBL（Project Based Learning）セミナーを新たに導入し、実践的な問題解決能力を養成する
文化学園大学 （私立）	国際文化学部	国際文化・観光学科	東京	1991 （開設時の名称は文学部）	文化・観光・語学を柱に学ぶ。ホスピタリティマインドとコミュニケーション力を養成する
亜細亜大学 （私立）	国際関係学部	多文化コミュニケーション学科	東京	1990 （学部開設） 2012 （学科開設）	「観光多文化」「多文化社会協力」「多文化多言語」の3領域あり、科目は社会学や文化人類学など
松本大学 （私立）	総合経営学部	観光ホスピタリティ学科	長野	2005	観光・地域・福祉・防災の4分野を自身の関心や将来像に沿って組み合わせて学びながら、現場体験の中で地域との関わり方やコミュニケーション力も養う
京都外国語大学 （私立）	国際貢献学部	グローバル観光学科	京都	2018	キーワードは「京都×観光×ビジネス」。経済学・経営学・社会学・データ科学などの学問を活用し、グローバルに広がる観光現象を学ぶ
平安女学院大学 （私立）	国際観光学部	国際観光学科	京都	2007	国際観光学に関する専門的知識獲得とともに、ホスピタリティ精神に富む人間性豊かな人材の育成を目指す
大阪学院大学 （私立）	経営学部	ホスピタリティ経営学科	大阪	2008	ホテルやブライダルなどでの約300時間の企業実習を交えながら、経営に必要な判断力や知識、グローバル化に対応する語学力、国際感覚を磨く
大阪観光大学 （私立）	観光学部	観光学科	大阪	2000	観光事業展開科目などの「生き抜く力」、環境リテラシーなどの「21世紀スキル」、旅人論などの「楽しむ力」など独自の切り口で構成
大阪国際大学 （私立）	国際教養学部	国際観光学科	大阪	2015	「ミュージアム・エンタテインメント」「観光・ホスピタリティ」「韓国理解」の3分野を用意
大阪成蹊大学 （私立）	国際観光学部	国際観光学科	大阪	1967 （大阪成蹊短期大学の観光学科の開設年）	国際機関や地方自治体、企業などとの連携による授業を多数展開。1年次と3年次に2度の留学に挑戦できる「STEP留学」も用意
阪南大学 （私立）	国際学部	国際観光学科	大阪	1997	世界から観光客が訪れる大阪・関西をフィールドに「観光文化」「観光計画」「観光事業」の3領域の視点から観光を学ぶ
神戸国際大学 （私立）	経済学部	国際文化ビジネス・観光学科	兵庫	2008	1年では観光学の基礎を学び2年以降専門的な観光事業（旅行・ホテル・航空等）について広く学ぶ。またよりハイレベルな観光学を学べる特別クラスもある
流通科学大学 （私立）	人間社会学部	観光学科 （観光事業コース、ホテル・ブライダルコース）	兵庫	2015	旅行会社、交通機関、ホテル、ブライダル等の事業モデルやサービス業の経営手法に関する知識を深め、観光関連産業に大切なホスピタリティを学ぶ

大学名	学部名	学科名	所在地	学部開設年	カリキュラムの特徴
安田女子大学 (私立)	現代ビジネス学部	国際観光ビジネス学科	広島	2015 (学科開設)	国際的感覚や視野、文化・ビジネス・観光に関する知識、国際コミュニケーション力を身に付け、生涯にわたりキャリア形成できる能力を養成する
九州産業大学 (私立)	地域共創学部	観光学科	福岡	2018 (前身は1999)	九州とアジアの観光を探求するホスピタリティ・ビジネスコース、観光地域デザインコースを設置。観光産業や地域を担う人材に必要な企画力・実践力・語学力を養う。国連世界観光機関の観光教育国際認証「TedQual認証」取得
西南女学院大学 (私立)	人文学部	観光文化学科	福岡	2006 (学科開設)	観光資源の活用や商品開発への参画など、地域と文化に真摯に向き合う姿勢を備えた学生を育成するため、地域すべてをキャンパスと捉えた教育活動を展開
長崎国際大学 (私立)	人間社会学部	国際観光学科	長崎	2000	「観光マネジメントコース」ほか3つのコース制を導入。キャンパスに隣接する「ハウステンボス」での長期インターンシップ、国内外の観光研修も開講
立命館アジア太平洋大学 (私立)	サステイナビリティ観光学部		大分	2023	国内外の現場での「課題解決型学習」を多く取り入れた実践重視の学び。持続可能な社会と観光に関わる専門理論とその実践力を併せ持つ、「社会のイノベーター」「観光コンテンツのプロデューサー」を育成する
沖縄キリスト教学院大学 (私立)	人文学部	観光文化学科	沖縄	2024	文化資源、ホスピタリティ、持続可能の3領域で観光を学ぶ。英語のほか中国語・韓国語も学べる。国際文化交流を目的とした短期海外研修が必修
芸術文化観光専門職大学 (公立)	芸術文化・観光学部		兵庫	2021	演劇やダンスなどの芸術文化と観光が学べる日本で唯一の公立大学。授業の1/3(800時間以上)を実習に充て地域や社会を舞台に現場の実践力を養成

● コース／専攻

大学名	学部名	学科名	コース／専攻名	所在地	学部開設年	カリキュラムの特徴
香川大学 (国立)	経済学部	経済学科	観光・地域振興コース	香川	1923*	経済学・経営学をベースに、観光学概論、まちづくり論などにより地域振興・経済活性化に向けた観光資源などの活用方策を考える基礎的能力を修得
静岡文化芸術大学 (公立)	文化政策学部		文明観光学コース (文化政策学部の3学科共通)	静岡	2019 (コース開設)	文明観光学コースは、文明史を踏まえ、新たな地域の宝(観光資源)の発掘や文化・芸術を活用した観光事業の開発に携わる人材の育成を目指す
奈良県立大学 (公立)	地域創造学部		地域創造	奈良	2001	地域や観光に関する教育・研究を通じて人と社会の未来を創ることを目的に、2025年度から観光を含む文理融合のカリキュラムに拡充し分野を横断した学びを提供
日本国際学園大学 (私立)	経営情報学部	ビジネスデザイン学科	国際ホテルモデル	宮城 (本部茨城)	2025 (仙台キャンパス開講予定)	著名ホテル就職実績多数の姉妹校ネットワークにより、ホテルの知識＋実際のサービスも学び、英語力、接遇力を身に付ける
大東文化大学 (私立)	文学部	歴史文化学科	観光歴史学コース	埼玉→東京 (本部東京)	2018 (コース開設)	2年次から3つの専門コースに分かれ、その1つが「観光歴史学コース」。観光英語や添乗英語など実践的な授業や、教員が英語のみで行う授業を用意。大手旅行会社へ多数の学生が就職
多摩大学 (私立)	グローバルスタディーズ学部	グローバルスタディーズ学科	ホスピタリティ・マネジメントコース／国際教養コース	神奈川	2007	グローバルな視野と実践的なビジネス知識を横断的、かつ主体的に学び、高度な観光・サービスマネジメント能力を醸成
神奈川大学 (私立)	国際日本学部	国際文化交流学科	観光文化コース	神奈川	2020	観光が生み出す文化とそれに関わる人々との関係を理解し、観光を通じて世界をつなぎ多文化共生に寄与できる人材を養成
京都産業大学 (私立)	文化学部	京都文化学科	観光文化コース	京都	2000	観光を1つの文化創造の機会と捉え、理解を深めるとともに持続可能な観光資源の保存や活用、観光文化の構築に寄与できる力を養成する
立命館大学 (私立)	文学部	人文学科	地域研究学域地域観光学専攻	京都	2012 (専攻開設)	観光の理論と実践をバランスよく学び、グローバル世界における異文化理解の能力を高め、観光現象を人文学的、総合的に分析・考察する
京都先端科学大学 (私立)	人文学部	歴史文化学科	先端ツーリズムコース	京都	2023 (コース開設)	本コースは学部横断型で人文学部以外でも受講可能。専門力、英語力、デジタル力を駆使して景観、文化遺産、まちづくり、オーバーツーリズム等に関わるさまざまな問題解決ができる人づくりを目指す

＊1944年に官立高松高等商業学校から高松経済専門学校に改称、1949年から香川大学経済学部

EDITOR'S NOTE
編集後記

「観光」という言葉は、中国古典の『四書五経』が由来という。「観国之光」とあり、つまり国の光を見ること。その光は名所旧跡だけではなく、「国の文化、政治、風俗をよく観察すること」「国の風光・文物を外部の人々に示すこと」という意味が含まれている。

そう考えると、日本の光は世界の中でも、きらきらと輝いている。このことが、本書にご登場いただいた方々の意見から、強く実感できた。

観光はただの娯楽にとどまらず、癒やしや学びをもたらす。魅力的な場所を訪れたい、各地のおいしいものを味わいたい、新しい発見や人とのつながりを築きたい――。これらの欲求、いわば「観光欲」は世界中の人々が持つ普遍的な欲求だ。だからこそ、観光という概念は決して消えることなく、人々を魅了し続ける。その魅力があふれる国として世界に認識されている日本には、限りなく明るい未来が広がっている。

その思いを確かにし、秘められた日本の観光の魅力と、観光業界を成長させるためのアイデアを、多様な立場の、多様な年代の識者や当事者に伺った。とくに、観光業界にこだわらない異分野からの発想、外国人の視点、そして未来社会の中心となる20代、30代の次世代キーパーソンの意見に光を当てた。新たな物の見方が提示できたなら幸いに思う。

本書監修者の日本能率協会としては、これからも観光産業の発展のため、人の交流とビジネスマッチング、課題の把握と解決方法の提示、ホスピタリティ産業の経営人材育成に向けて、いっそう力を尽くし、変化と進化をしながら、場を提供していく。未来への希望を示し、観光産業が成長発展することで、その業界で働くことの幸せを関係者の皆様に感じてほしいと願っている。

そして今後も日本全国の地域の事業者の方々が、観光というプラットフォームを通じて豊かになるお手伝いをしていきたい。

2025年1月
日本能率協会
＋
『Think!』編集部

ThiпK! 別冊 No.14

人×文化×テクノロジーで経済活性化と地方振興を実現する

日本観光革命
2030年に向けた巨大成長市場の創造

2025年2月11日発行

監修	一般社団法人日本能率協会
監修担当	一般社団法人日本能率協会（小宮太郎、富浦渉、小川晃一、佐々木俊之）
プロデューサー	根本洋子
ディレクター	江頭紀子、桑田篤
エディター	中村正
デザイン	株式会社 dig（山田彩子、成宮成、峰村沙那、坂本弓華）
印刷・製本	昭栄印刷株式会社
発行者	山田徹也

東洋経済新報社
〒103-8345　東京都中央区日本橋本石町1-2-1
電話　東洋経済コールセンター 03-6386-1040
https://toyokeizai.net/

©TOYO KEIZAI 2025
Printed in Japan　ISBN978-4-492-96244-2

本誌中、特に出所を明示していないものは、各種公開資料に基づいて作成されたものです。

本書のコピー、スキャン、デジタル化等の無断複製は、著作権法上での例外である私的利用を除き禁じられています。
本書を代行業者等の第三者に依頼してコピー、スキャンやデジタル化することは、たとえ個人や家庭内での利用であっても一切認められておりません。